中共大理论家画传

# 李达画传

## 1890—1966

陈光辉 叶 鹏◎编著

人民出版社

责任编辑：忽晓萌
封面设计：吴燕妮
责任校对：张红霞

**图书在版编目（CIP）数据**

李达画传 / 陈光辉 叶鹏 编著 . — 北京：人民出版社，2018.1
（中共大理论家画传）
ISBN 978－7－01－018822－5

I. ①李… II. ①陈… ②叶… III. ①李达（1890—1966）－传记－画册
IV. ① K827=6

中国版本图书馆 CIP 数据核字（2018）第 008845 号

## 李达画传
### LIDA HUAZHUAN

陈光辉　叶　鹏　编著

**人民出版社** 出版发行

（100706　北京东城区隆福寺大街 99 号）

北京中科印刷有限公司印刷　新华书店经销

2018 年 1 月第 1 版　2018 年 1 月北京第 1 次印刷
开本：710 毫米 ×1000 毫米 1/16　印张：16
字数：151 千字

ISBN 978－7－01－018822－5　定价：38.00 元

邮购地址 100706　北京东城区隆福寺大街 99 号
人民东方图书销售中心　电话：（010）65250042　65289539

# 目　录

# 序

　　为纪念李达同志诞辰一百二十周年，陈光辉同志主编了《李达画传》，2010 年 11 月由人民出版社出版，在读者中产生了很大的影响。人民出版社决定出版中国大理论家、教育家画传系列丛书，请陈光辉同志重新编写《李达画传》。陈光辉同志为此又一次付出了艰辛的劳动，在原画传的基础上作了大幅度的扩充、修改和完善，对内容的结构，外观的版式进行了调整，比原画传更见精彩。这就是现在这部献给广大读者的新的《李达画传》。

　　在中国现代史上，李达同志是一位集革命家和理论家、教育家于一身的为数不多的典型人物之一。毋庸讳言，由于种种原因，李达同志的多方面的卓越贡献在很长的时期中并没有得到如实的评价，甚至还流传着许多误传和歪曲。在改革开放以后的新的条件下，理论界的许多学者才有条件对他的生平和著作进行客观的研究，发表了许多探讨性的论著，逐步重现了一位真实的李达，显示了他在中国现代史上不可磨灭的地位。大量的

事实表明，李达同志是在中国最早传播马克思主义的先驱者之一，是中国共产党的创始人之一和早期领导人之一，是在哲学、经济学、科学社会主义、史学理论、法学理论等广阔领域都作出了突出贡献的一代大师，是为马克思主义中国化献出了毕生心血和智慧的开拓者，是坚持真理以身殉道的楷模。历史是人民群众创造的，但杰出人物的作用不能低估。一个民族如果不知道尊重和珍视自己的杰出人物，不知道继承和发扬他们的精神遗产，给自己造成的损失将是不可以数量计算的。我们应当为有像李达同志这样的杰出人物而感到自豪。

我们研究和宣传李达同志的功绩，绝不是要把他描绘成毫无瑕疵的完人。这样的"完人"是没有的。任何杰出人物都是时代的产儿，都是在确定的历史条件下实践着的具体的人，都不可能不受到客观环境和本人认识的局限。李达同志当然也不例外。他一生也做过错事，说过错话，绝非句句是真理。他的难能可贵之处主要在于两点：一是他毕生把马克思主义的研究与中国人民的解放事业融为一体，在极端艰难困苦的条件下作出了常人很难作出的业绩；二是他毕生坚持实事求是的原则，有一种坚持真理无私无畏的忘我精神，决不附和那些他明知其为错误的东西。我想，仅凭这两点，就足够我们去继承和发扬了。我相信生活在今天新条件下的年轻人会从这位历史人物身上学到应当学到的东西。

对李达同志的研究远没有终结，今后还会进行下去。但作为阶段性的成果，我认为这部画传材料翔实，图文并茂，必将受到广大读者的欢迎。我也预祝陈光辉同志在今后继续研究李达同志的长途中有更好的作品问世。

李达同志是我的恩师，他离开我们已四十五年，我自己也年届八十了。陈光辉同志嘱我为画传写一序言，我不能不如命执笔。临颖怆然，言不尽意。

陶德麟

2011 年 5 月 15 日于武汉大学

# 一、七岁对对子名震乡梓

鸦片战争后的 50 年，1890 年 10 月 2 日，李达出生于湖南省零陵县蔡家埠（今永州市冷水滩区岚角山镇）油榨头的灌塘口村一个普通佃农家庭。刚一落地，父亲按辈分取名庭芳，字永锡。后来他自取单名达，号鹤鸣。

永州位于湖南省西南部，五岭北麓因舜帝南巡崩于宁远九嶷山而得名。又因潇水与湘江会合于萍洲，自古就有"锦绣潇湘"之称。这里名人辈出，人杰地灵，孕育了一批如以"狂草"著称的大书法家怀素、以"爱莲说"驰名的大理学家周敦颐为代表的名人。唐代著名文学家柳宗元在此谪居 10 年，寄情山水，写出了名扬千古的《永州八纪》《捕蛇者说》。

李达的祖父李光亮生有两儿

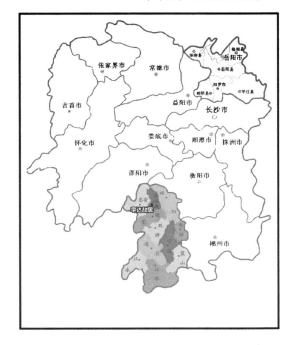

永州位于湖南省西南部

李达故居

李达故居右前 500 米
处的零陵机场

两女，次子李辅仁便是李达的父亲。

李辅仁生于前清咸丰七年，得到伯父李光明的全力资助，师从名儒王绶，读了几年私塾。成年后娶妻胡氏，生有五子一女，李达是排行第三的男孩。

李达父亲李辅仁

李辅仁教过蒙馆，当过银匠，做过生意，都没有赚到钱，最后只得回家租种王姓地主20多亩稻田，勉强维持全家生活。李达回忆说："我家佃种了一个姓王的地主家的20多亩田。每年秋收以后，我父亲就把黄爽爽的谷子一担一担挑到王家庄上交租，我感到很心痛。父亲只希望我们长大成人，能够买些田自己种就好了。"

李达从小天资聪敏，勤奋好学，刚满5岁，就跟着父亲识字，先后熟读《三字经》《百家姓》《四言杂字》，后来李辅仁又教他童谣、民歌和对对子（对联）。

6岁的李达进杨村甸唐家祠堂读书，他既聪明又调皮，在跟唐花圃先生读《幼学琼林》《千字文》时，开始每次背读二三十句，他毫不在乎，很快就背完了。学习上"吃不饱"，他耍淘寻开心，常拿一把小刀在祠堂墙上刻字、雕菩萨。一次他把墙壁刻得乱七八糟，唐先生看到很生气，便把订书的锥子在他的一本书上用力一插，说："锥尖穿到哪里，7天之内便要背到哪里。"

李达跟父亲学《三字经》（陈光辉绘制）

先生原以为这样可以难住他，谁知第三天，他就滚瓜烂熟地背到了锥尖所到之处。唐先生十分惊奇，对李达父母说："你们的这个儿子是神童，将来了不起，你们要好好送他读书。我已经把我该教的都教完了，以后就送他到别的地方去读吧。"

李达跟唐先生读书，《学而》《先进》《离娄》《告子》《大学》《中庸》等篇章背得很熟，村里人人都夸他是"神童"。这话传到了清末的一个秀才老先生胡燮卿耳里。胡燮卿在乡下是个"大学问家"，跟李达的母亲胡氏同宗同祖，论辈分排来是兄妹，李达得叫他舅舅。

胡燮卿专门去李家考察李达的才智。那一次，他要李达背了一些书，还特意与李达对对子。他以李达家住油榨头村即兴出上联："油榨头油榨榨油"；李达想了想，很快对出了下联："水车坝水车车水。"

胡先生听了十分惊喜，但却不露声色："油榨头是你们村名，你对水车坝……"7岁的李达胸有成竹："水车坝也是村名，在我外婆家那里。"他还流利地说出了对对子的要诀："对对子要名对名，动对动，云对雨，雪对风，来鸿对去燕，宿鸟对鸣虫。"胡先生听了哈哈大笑，连连点头说："好好好，你的脑瓜里装的东西还不少呢。"胡先生满心欢喜地收李达为徒，对他父亲说："今后庭芳读书的事我包了，不要你们管了。"

在胡燮卿的精心教导下，李达不仅熟读了《诗经》《书经》《易经》《礼记》《春秋》等儒家经典，还读了《东莱博议》等新学书籍。他不仅能做命题文章，吟诗

李达在私塾读过的书籍：《诗经》《书经》《易经》《礼记》《春秋》《东来博议》

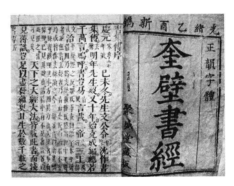

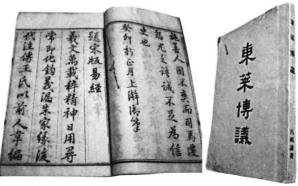

1898 年兴中会会员谢瓒泰（1872—1937，广东开平人）所绘的《时局图》，形象地描述了中国面临的民族危机

反映帝国主义列强瓜分中国的时事漫画

1899 年兴起了义和团反帝爱国运动，但不久就遭到八国联军和清王朝的联合镇压。图为英勇不屈的义和团民众

联对，还学了数学。李达刻苦用功，勤学好问，老师书点到哪里，他背到哪里。胡燮卿在李辅仁面前经常夸奖说："庭芳这孩子天资过人，真了不起！我一本书教完，他也就背完了，他前程无量，将来说不定要中状元呢！"

1894 年甲午战争后，民族危机日益严峻，在康有为、梁启超、谭嗣同等人呼吁救国、宣传变法的新思潮冲击下，清朝政府在文化方面也实行了一些改革，如废除科举，兴办新学等。零陵的"萍洲书院"其时改为"萍洲中学"，是零陵、祁阳、东安、道县、永明（今江永）、宁远、江华、新田 8 县的最高学府，在省里颇有名气。

1905 年春天，15 岁的李达由父亲和老师护送，前

| 圆明园遗址

萍洲中学大礼堂

去萍洲中学报考。当时正值春雨过后，湘江水涨，岸柳成行，烟笼长堤，一派风光如画。李达和老师胡燮卿乘一叶扁舟溯湘江而上。胡燮卿一路观赏两岸风光，路过蔡家埠心有所触，很是激动，便以眼前的湘江两岸风景为题出了对子："东西两岸皆蔡家。"李达一时没能对出，这时正好船到达目的地萍洲，潇湘二水朝萍洲汇流而来。李达眼睛突然一亮，心中怦然而动，口中大叫一声：有了。脱口而出："潇湘二水会萍洲。"

他的父亲和先生一听，异口同声："好！"胡老先生连连赞叹说："此乃一副绝对，真是不同凡响啊！"后来，蔡家埠的人过春节时，写下这副对子贴在家门口。

这次萍洲应试并不顺利，尽管李达数学得了一百分，但是作文却考砸了。在新思想的感染下，李达对八股文等旧的表现形式十分厌恶，文章中常有创新之处，但主考官并不欣赏这些。主考官重文轻理，便不想录取李达。校长和教务主任见李达在考生中年纪最小，数学成绩又很好，他们出面向主考官求情，主考官勉强同意了，李达的名字只能排在榜末了。

当地"第一才子"在一旁阴阳怪气："什么叫名落孙山，我看，以后应叫名落庭芳才对！"同学们听了哈哈大笑。面对如此的奚落，一向有些心高气盛的李达一下满脸通红，羞愧得一时恨无地洞可钻。他心中的怨愤没有发作出来，只是悄然离去，独自立在洲头观流水以激励心志。

入学后，李达发愤学习，决心洗去"屈居榜末"所蒙受的羞辱。暑假中，他不顾盛夏酷暑，闭门不出，阅读《古文观止》《唐诗三百首》等经典著作，领悟为诗作文要领。然后，自己命题，写了几十篇文章，送胡燮卿、唐花圃先生批阅。最后选了 10 篇得

李达曾经走过的萍洲中学河边古码头

李达将自己所写的《鹤鸣文集》交给国文老师阅，受到老师"鹤鸣长空"的赞扬（陈光辉绘制）

意之作，装订成册，少年的李达，踌躇满志地将它取名为《鹤鸣文集》。这也是后来著作等身的李达之第一个文集。

# 二、声援徐特立的爱国壮举

1902 年农历六七月间，湖南沅陵城区瘟疫流行，逐渐蔓延到四乡，死亡千余人，群众怀疑教会指使教徒投毒所致。8 月 15 日，愤怒的乡民殴毙教士胡绍祖、罗国俞二人，史称"辰州教案"。9 月 5 日，清廷屈从英国无理要求，惩办地方官员，将 10 名无辜群众用大炮轰死，赔偿白银 8 万余两，规定辰州的学生 5 年内不准参加科举考试，并于辰州府衙门口左侧立一"永远儆戒"的石碑，成为湘人皆知的耻辱。

徐特立（1877—1968），原名懋恂，字师陶，中国革命家和教育家，湖南善化（今长沙县江背镇）人。毛泽东和田汉等著名人士的老师

1909 年的一天，在长沙周南女校任教的徐特立给长沙修业学校的学生作时事讲演，他将"辰州教案"和"八国联军"等国耻沉痛地讲给学生们听。徐特立声泪俱下，悲愤至极，演讲完后，即到厨房里拿了一把菜刀，当场剁下一个手指头，写下了一纸血书抗议，立下为国家民族雪耻的决心，表示对帝国主义和卖国政府的愤恨。徐特立写完当场晕倒。他的这一充满爱国激情的壮举，深得各界人

士的钦佩，在全国各地引起了强烈反响。

李达和蒋国勋等几位志同道合的同学接到了长沙寄来的一封信，传看后，无不痛心疾首，义愤填膺。李达提议说："我们将这封信向全校老师和同学们宣读，然后用实际行动声援徐先生。"

李达慷慨激昂、悲愤交加地把信念完，振臂高呼："国家兴亡，匹夫有责！我们应该向徐特立先生学习，反对列强的欺凌！"

"对！国家兴亡，匹夫有责！我们要积极行动起来！"

师生们热泪盈眶，萍岛沸腾了。他们集合在操场上，当即决议了两条爱国办法：一是抵制日货，二是练

焚烧日货 |

军事操。为实行第一条，大家把自己所有日本制作的文具集中起来拿到操场上焚毁。可是，事后校方发给他们的文具还是日本货。校长对他们说：我们国家工业不发达，这些新式文具只好暂时用外国货，希望以后不要再烧了。

为实行第二条，他们要求学校弄来两百支来福枪，开展军事操等活动。

李达后来回忆说："当时我们爱国的办法，就只懂这么两条。这一类的反帝爱国运动在那时是年年都要举行的。每逢帝国主义者向清廷提出亡国性的侵略条件时，知识分子和青年学生们就集合、游行、喊口号、发宣言，向清廷请愿。可是这些运动每一次都以被压制而告终。"

# 三、参与组织第一次大规模反帝爱国运动

　　1909 年秋，李达考进了京师优级师范学堂（今北京师范大学），入学后他目睹学政腐败，学生们头戴顶子，身穿长袍马褂，向孔子牌位三跪九叩，他痛心疾首，深感中国之所以受列强侵略，是由于教育落后科学不发达，因此萌发了"教育救国"的思想。

京师优级师范 ｜

1911 年秋，京师优级师范因经费紧缺暂时停办，李达回到湖南。辛亥革命爆发，孙中山"大办实业，以利国强民"的思想影响了李达，他决定不学师范，改学理工科，从"教育救国"转向"实业救国"。

1913 年，李达以第二名的成绩考取了湖南留日官费生，入东京第一师范数理科学习。但是，国内袁世凯专制政治引起变故，他的官费被取消，又得了肺病，不得不于 1914 年辍学回国。回到家乡零陵后，李达一边养病，一边与一位中医合开"博记药店"。3 年后的 1917 年春，李达第二次东渡，考入东京第一高等学校理科，学习探矿冶金。

留日期间，他目睹了日本劳动人民的悲惨生活，听到日本军国主义者掠夺中国的叫嚣，饱尝日本侵略者对

孙中山（1866—1925），广东香山人，中国近代资产阶级革命的领袖、伟大的革命先行者

1911 年 10 月 10 日，爆发了辛亥革命。图为革命军攻下武昌的湖广总督府

1912年1月1日，中华
民国临时政府在南京成立，
图为首次国务会议合影

中国留学生的欺凌侮辱，他的民族自尊心受到极大伤害。日本政府向袁世凯提出灭亡中国的"二十一条"，中国留日学生奋起斗争惨遭失败，打破了李达"实业救国"的理想。特别是辛亥革命的果实被袁世凯窃取，1915年12月12日，袁世凯宣布复辟帝制，更使李达痛苦和迷惘。他回忆说："这使我们沉痛地感到，日子是过不下去了。如果不寻找新的出路，中国是一定要灭亡了。可是新的出路在哪里呢？这对我们仍是茫然的。当时我们就像在漫漫长夜里摸索道路的行人一样，眼前是黑暗的，内心是极端苦闷的。"

　　1917年，俄国十月革命一声炮响，建立了人类历史上第一个社会主义苏维埃政权。消息传到日本，李达等一班心系国家命运和民族前途的留日学子感到极大的振奋和鼓舞。他从十月革命的胜利中，朦胧地看到了祖国的出路和民族的希望，开始从日本报刊和书籍中学习

李达在日本

日本东京第一高等学
校平面略图

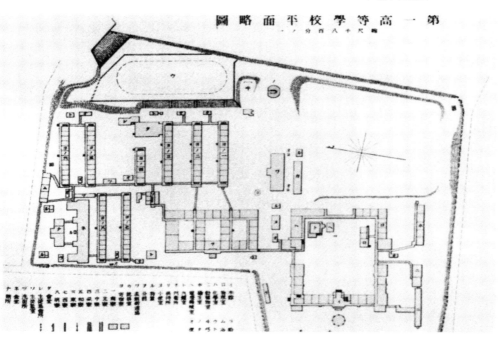

日本东京第一高等学
校旧址

日本东京中国基督教
青年会旧址

辛亥革命的果实被袁世凯窃取，1915军12月12日，袁世凯宣布复辟帝制。这是袁世凯在天坛祭天

1915年5月，日本帝国主义向中国北洋军阀政府提无理要求，即"二十一条"卖国条约。图为签订条约时的情景

马克思主义，初步树立了对马克思主义的信心和苏俄的向往，立志寻找救国救民的新出路。

1918 年 5 月初，段祺瑞政府与日本政府秘密签订了卖国反苏的《中日共同防敌军事协定》。这个丧权辱国的不平等条约，激起了中国留日学生的强烈反对，同年 5 月 7 日，他们在东京集会抗议，但被警察拘捕多人。为此，各省各校的留日学生代表共议组织留日学生救国团，号召留日学生罢学归国，以示抗议。

为了唤起救亡图存，学生们纷纷罢学，组成"中华民国留日学生救国团"回国请愿，李达是救国团的主要代表之一。他率领救国团先遣队 100 多人回国，于 5 月中旬到达北京，然后立即同先遣队员阮湘、龚德柏、黄日葵、王希天等到北京大学，与欢迎他们的学生领袖许德珩、邓中夏等人见面。

经过几天酝酿，大家一致决定于 5 月 21 日发动向总统府的大规模示威请愿活动。5 月 21 日那天，北京各院校 2000 多名学生和留日学生救国团先遣队共同参加了向总统府及段祺瑞政府的示威请愿。这是中国学生运动史上第一次大规模的反帝爱国运动，影响遍及天津、上海和南京。尽管这次运动没有达到预期目的，但却成了次年五四运动的预演和前奏。

李 达（1890—1966），
1918 年 5 月留日学生救国
团先遣队主要代表

王希天（1896—1923），
出生于吉林省长春市金钱
堡，旅日华工领袖

许德珩（1890—1990），
江西九江市人。北京大学
学生领袖

邓中夏（1894—1933），
字仲澥，又名邓康。湖南
宜章人。1917 年入北京大
学国文门学习，1919 年投
身五四运动

李达与王希天等留学
生代表在回国时的情景
（陈光辉绘制）

李达后来回忆说：“这次失败及代表在回国时的情景使我们深切地觉悟到，要想救国，单靠游行请愿是没有用的。在反动统治下，‘实业救国’的道路也是一种行不通的幻想。只有由人民起来推翻反动政府，像俄国那样走革命的道路。而要走这条道路，就要加紧学习马克思列宁主义的理论，学习俄国人的革命经验。”

这次请愿活动可以说是李达由单纯爱国主义走向马克思主义的决定性一步。

# 四、中国传播马克思主义的先驱

十月革命后，马克思主义的影响传播到中国。为救国救民，李达毅然放弃了理科学习，他于1918年6月再次赴日本东京。当时，在日本最具影响的马克思主义者要算河上肇了，有人为李达介绍了他。

河上肇是日本经济学家、日本马克思主义研究的先驱、社会活动家、京都帝国大学教授。他从研究资产阶级政治经济学，逐步转变为马克思主义的宣扬和阐述者。他创刊《社会问题研究》，发表多种政治经济学著作，对马克思主义在日本的传播有

建党时期的李达

一定的影响。他参加无产阶级解放运动，曾被捕入狱。他的讲学和实践活动在日本和中国留日学生中有很大的影响。

李达登门拜访河上肇教授。"听说你为了救国才来日本学理科，准备将来以实业拯救你的祖国，是吗？"

"拯救祖国这一志向，我是永远也不会放弃的，我

河上肇像（1879—1946）

放弃的只是错误的想法。因为我的实业救国是治标，不能解决根本问题，只有从改造国民精神，唤起民族觉悟，起来推翻反动统治，建立人民政权，才是治本，才能从根本上解决中国问题。我愿先生给我指迷导引，以求新图为盼。"

"有如此大志，定是有为的青年。好，我成全你，我愿作人梯，让你踩着我的肩膀踏上云头，登上天梯，取下革命圣火，完成伟大的历史使命。"

经过交谈，河上肇教授对李达刮目相看。从此，李达便成为河上肇最为器重的学生，处处得到先生的关照。他一边听先生的课，一边如饥似渴地读书。在前后一年多的时间里，他研读了《共产党宣言》《资本论》第 1 卷以及《〈政治经济学〉导言》《国家与革命》等马列著作及介绍唯物史观、剩余价值理论和科学社会主义学说的书刊，很快成为马克思主义的笃信者和宣传者。

1919 年 5 月，中国爆发了具有重大历史意义的五四反帝反封建爱国运动。远在日本读书的李达为工人阶级登上政治舞台而欢欣鼓舞，立即发动留日学生集会响应，到中国公使馆举行示威运动，致函日本内阁提出抗议。同时，他还密切注意国内斗争的发展，并积极撰文在国内报刊上发表，参与这场伟大的运动。

6 月 11 日，五四运动的领袖陈独秀被捕，李达闻

为反对巴黎分赃会议和军阀的卖国罪行，1919年5月4日，北京学生在天安门广场集会游行，揭开了五四运动的序幕

1919年5月7日，上海南市公共体育场召开声援北京学生的国民大会

五四运动的领袖陈独
秀被捕时，李达在《觉悟》
上发表文章

《觉悟》副刊

讯后立即赶写了《陈独秀与新思想》一文，发表在6月24日上海《民国日报》副刊《觉悟》上，以声援营救陈独秀的运动。

这篇文章强调了新思想是不可战胜的，他指出：顽固守旧思想的政府能捕得有"新思想""鼓吹新思想"的陈先生一个人，不能捕得许多有"新思想""鼓吹新思想"的人。纵使许多人都给政府捕去，但是很多人的"精神"还是无恙的。他还指出：今日世界里面的国家，若是没有"新思想"来建设改造"新国家"，恐怕不能立足于20世纪！表达了用"新思想"改造旧制度、建设新国家的信念。

李达与李大钊一起，全身心地传播和宣传马克思主义。6月18日和19日，他以"鹤"的笔名，撰写《什么叫社会主义？》《社会主义的目的》等文章，寄回国内，

李达在日本撰写的《什么叫社会主义？》《社会主义的目的》等文章在国内报刊上发表

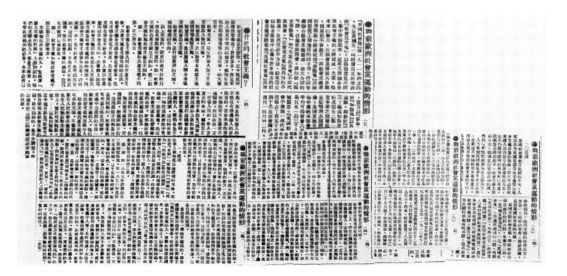

《唯物史观解说》一书

在上海《民国日报》副刊《觉悟》上发表。

李达的这两篇文章，前文介绍了科学社会主义的思想，论述了社会主义与无政府主义的界限。后文揭露了资本主义制度的残酷剥削，阐明了社会主义的目的是"改掉 19 世纪文明的弊病""社会主义有两面最鲜明的旗帜，一面是救济经济上的不平均，一面是恢复人类真正平等的状态"。尤其是前一篇，在当时各种社会主义思想混杂特别是无政府主义思想在中国有较大影响的情况下，对于科学社会主义的传播具有启蒙意义。

自 1918 年至 1920 年夏回国以前，李达还翻译了《唯物史观解说》《马克思经济学说》《社会问题总览》3 部介绍马克思主义的通俗著作，寄回国内出版。

《马克思经济学说》是考茨基的著名马克思主义通俗著作，当时国内有好几种中译本。李达的译文是第二个中译文，被李大钊领导的北京马克思主义研究会列为阅读文献。它对于传播马克思主义政治经济学有重要意义，也有助于广大读者学习和研究唯物史观。

李达翻译的《社会问题总览》和《唯物史观解说》两部译著同样是这一时期传播马克思主义的重要著作，并得到了广泛传播，发挥了重要影响。《社会问题总览》1921 年 4 月由中华书局出版，至 1932 年印行 11 版；《唯

物史观解说》1921 年 5 月由中华书局出版，至 1932 年
印行 14 版。特别是《唯物史观解说》，使李达成为中国
20 世纪 30 年代马克思主义哲学通俗化工作的先导，就
连毛泽东也称赞他的哲学著作通俗易懂。可以说，李达
是在中国最早传播马克思主义哲学的一批人当中作出重
要贡献的哲学家，他不愧为中国的"普罗米修斯"。李
达在学习和传播马克思主义的过程中走上无产阶级革命
道路，成为马克思主义者。

李达是普罗米修斯式
的播火者（陈光辉绘制）

# 五、马克思主义传播中论争主将

五四运动以后，马克思主义在中国的传播渐呈澎湃之势，反封建的新文化阵营开始分化，出现了几次著名的思想论战。

第一次论战主要是在李大钊与胡适之间进行的"问题与主义"论战。李大钊批判了胡适所谓"多研究些问题，少谈些主义"的改良主义，旗帜鲜明地表明了自己对于"问题与主义"的马克思主义的态度，为中国社会提出了根本改造方针，同时为这一时期马克思主义在中国的传播作出了重要贡献。

一年之后，又发生了关于社会主义是否适合中国国情的论战。李达撰述一系列批判资产阶级改良主义、无政府主义和修正主义的论文，参加了这次论战。

1920 年下半年，中国的马克思主义者已开始着手在一些城市筹建中国共

李大钊（1889—1927），字守常，河北乐亭县人，北京大学经济学教授，共产主义运动的先驱，伟大的马克思主义者

产党的组织，同年 11 月，时任上海《时事新报》主编
的张东荪陪同英国哲学家罗素讲学由湖南回到上海以
后，于 11 月 6 日在《时事新报》发表《由内地旅行而
得之又一教训》一文。

该文提出在中国只有首先用资本主义发展实业，反
对用社会主义改造中国。他在《答高践四书》中更直截
了当地提出："盖中国民不聊生急有待于开发实业，而
开发实业方法之最能速成者莫若资本主义。"梁启超支
持张东荪的主张，他在《复张东荪书论社会主义运动》
一文补充说，近代中国"有业无业乃第一问题"，尚谈
不到有产阶级和无产阶级的斗争。他主张在中国先发展
资本主义以开发实业，借资本阶级
以养成劳动阶级而为实行社会主义
之准备。

值得注意的是，梁启超与张东
荪都是以社会主义运动热心者的面
貌出现的，虽然他们所说的"社会
主义"只是一些调和劳资关系的措
施，如举办平民积资事业、组织消
费合作社、提高工人红利、实行疾
病保险等。

针对梁启超、张东荪的社会改
良主义和发展资本主义的论调，早
期马克思主义者同他们进行了论战。
1920 年 12 月，陈独秀在《新青年》

梁启超（1873—1929），
字卓如，号任公，广东新
会人

第 8 卷第 4 号以《关于社会主义讨论》为题，辑录了当时讨论中的主要观点，推动这场讨论深入进行。陈独秀、李大钊、何孟雄、陈望道等纷纷撰文进行反驳，李达也撰写了《张东荪现原形》（1920 年 11 月 7 日）、《社会革命底商榷》（1920 年 12 月 7 日）和《讨论社会主义并质梁任公》（1921 年 5 月 1 日）等论文，积极参与这场论战。由于李达的文章分量最重，也最有深度，所以，事实上成为这场论争的主将。

李达发表的《讨论社会主义并质梁任公》一文

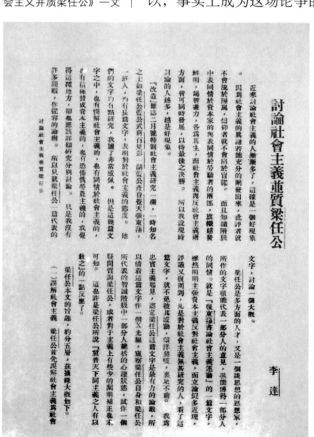

对于张东荪的文章，李达写了《张东荪现原形》的短文，揭露其前后矛盾。梁启超《复张东荪书论社会主义运动》一文，以社会主义者自居主张资本主义，引起了李达的重视。李达在《讨论社会主义并质梁任公》一文中从理论和实际两个方面对梁启超提出了批评，指出梁的所谓社会主义并不是科学社会主义。

李达认为，梁启超的社会主义是"社会政策派"的劳动运动，也就是说是在发展资本主义的前提

下——因为梁启超认为中国只有通过资本主义道路才能
发展实业，解决失业问题、游民问题，产业劳动阶级才
能形成，才有可能进行社会主义运动——然后，进行温
情主义的社会政策，使劳资协调，以救资本主义之弊。
李达深刻地指出，梁启超对社会主义的本质的误解就是
把社会主义看成了"在奖励生产的范围内分配平均之运
动"——李达的这一观点在今天看来也很有意义，他指
出了中国社会主义是长期以来的小农经济基础上形成的
平均主义思维定势对社会主义的附会。

　　李达指出社会主义是 18 世纪欧洲产业革命以后的
事情，社会主义运动在于设法造出公有的生产机关，避
去欧美资本主义生产制度的弊害，使生产得到有秩序的
发展，"梁任公误解社会主义为均产主义的说法，也就
是因为忘记了社会主义更有很好的生产方法的缘故"。

　　李达关于科学社会主义的阐述，自然带有时代的局
限，例如废除商品生产等观点具有空想成分，但还是基
本准确地阐述了马克思的原意，在人们的思想上分清了
真假社会主义的界限。

　　李达还撰文批驳了无政府主义思潮。无政府主义在
中国的传播早于马克思主义，在各派社会主义思潮传播
中占有优势。随着马克思主义传播的深入以及马克思主
义者建党活动的展开，无政府主义者对马克思主义的攻
击也愈演愈烈，反对一切国家和一切权威，反对一切政
治斗争和暴力革命，进而集中反对阶级斗争和无产阶级
专政。他们提倡个人主义，主张绝对自由，反对任何组

织纪律，在青年知识分子中有很大的消极作用。

1920年9月到1921年8月，陈独秀先后两次在《新青年》发表了《谈政治》《讨论无政府主义》，辑录了他与区声白的论战，阐述了国家、政治、法律对于无产阶级革命的意义。

李达于1921年5月在《共产党》第4号上发表了《无政府主义之解剖》一文，对无政府主义各个流派的理论进行了系统的分析批判。他指出：无政府党何以没有绝灭资本主义的手段，何以反不免姑息那资产阶级？就是因为他们所信奉的无政府主义，在理论上在事实上都有许多矛盾的缘故。他批评施蒂纳的无政府主义是一种"极端的个人主义"，巴枯宁标榜的团体的无政府主义是自相矛盾的，克鲁泡特金的无政府主义具有浓重的超越阶段的宗教色彩，在现实中无法实现。

同年6月，李达在《新青年》第9卷第2号上发表了《马克思派社会主义》，根据马克思的《法兰西内战》《哥达纲领批判》，马克思恩格斯的《共产党宣言》和列宁的《国家与革命》等论著，阐述了无产阶级专政的基本原理。在与

李达发表的《无政府主义之解剖》一文

無政府主義之解剖

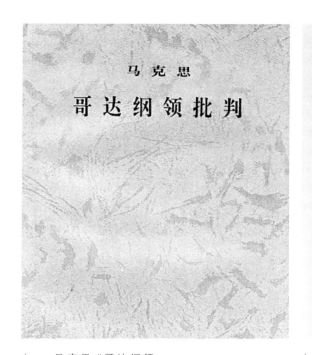

马克思《哥达纲领
批判》

马克思《德国劳动党
纲领栏外批评》

无政府主义论战中，李达对无政府主义的批判，既符合
马克思主义理论，也适应了中国共产党创建初期的实际
需要。

李达阅读并翻译了大量马克思主义著作，在当时的
中国，他的马克思主义素养很高，对马克思主义的阐述
也是最准确的。他直接从科学社会主义入手，积极参与
对各种反马克思主义和非马克思主义思潮的斗争，尤其
是对形形色色的所谓社会主义思想进行批判，在这类论
战中，他自然而然成为主将。这些思想论争，为党的创
建做了极其重要的思想理论准备。

# 六、中国共产党上海发起组
## 代理书记

    1920 年 8 月，李达抱着"寻找同志干社会革命"的想法，从日本东京回国。他先去上海拜访了陈独秀，谈起组织社会革命党的事。陈独秀告诉李达，他和李汉俊正在准备发起组织中国共产党，并邀李达参加。李达

李达留洋回国（陈光辉绘制）

老渔阳里 2 号，《新青年》杂志编辑部

1915 年 9 月，陈独秀在上海创办《青年杂志》。次年 2 卷 1 号起改名为《新青年》杂志

欣然同意。

就这样，为了工作方便，李达在上海环龙路老渔阳里2号《新青年》社内住了下来。他一边与陈独秀、李汉俊等筹建党的早期组织，一边以留日学生会理事的身份，在上海博文女校参加中国学生联合会的领导工作，并参与《新青年》的编辑工作。

1920年8月的上海天气炎热，陈独秀、李汉俊、李达、俞秀松、陈望道、沈玄庐、施存统等在《新青年》编辑部开会，成立了中国共产党的最早组织。陈独秀在会上表示：我们一定要努力工作，力争在较短的时间内把共产党组织发展到全国。上海共产党早期组织成立后的主要任务是：初步提出一个《中国共产党党纲》，同时联结全国各地的共产主义积极分子，推动各地的建党

陈独秀（1879—1942），原名庆同、乾生，字仲甫，安徽安庆人

李汉俊（1890—1927），湖北潜江人

李 达（1890—1966），
湖南零陵人

俞秀松（1899—1939），
浙江诸暨人

沈玄庐（1883—1928），
字剑侯，号玄庐，浙江萧
山人

陈望道（1891—1977），
浙江义乌人

施存统（1898—1970），
浙江金华人

工作，以成立统一的中国共产党。

陈独秀的话音一落，参加会议的同志报以热烈的掌声，并同意陈独秀提出的关于上海共产党的工作重心和任务。接着，会议推举了党的负责人。由于陈独秀的影响力和他在创建共产党过程中的作用，与会同志一致推举陈独秀为党的书记。会议还草拟了一个简单的党纲草案，以统一大家的思想与行动。

这次会议后不久，邵力子、沈雁冰、李启汉、赵世炎等人也加入了党的组织。实际上，上海共产党是党的早期组织之一，也就是中共发起组。她肩负着发起、筹备和组织全国性的统一的中国共产党的历史使命，全国各地党的几个早期组织都是由上海发起组通知和帮助建立的。

邵力子（1882—1967），
原名闻泰，字仲辉，浙江
绍兴人

沈雁冰（1896—1981），
原名沈德鸿，笔名茅盾，
浙江嘉兴桐乡人

李启汉（1898—1927）
又名李森，湖南江华人

赵世炎（1901—1927），
笔名施英，号国富，四川
酉阳人

　　1920 年 11 月，在李达的参与下，制定了《中国共产党宣言》，旗帜鲜明地提出要组织一个革命的无产阶级政党——中国共产党。宣言指明了共产主义者的思想和奋斗目标，是要创造一个新的社会，要铲除资本制度，用强力打倒资本家的国家；宣言还阐明了夺取政权的途径，通过暴力革命推翻资产阶级专政。李达还将《中国共产党宣言》寄往各地，使之成为各地党的组织发展党员的标准。这为后来中国共产党正式成立，起到了顺理成章的推进作用。

　　1921 年 3 月，陈独秀应陈炯明的邀请任广东省教育委员会委员长，由李汉俊代理书记。翌年 2 月，李汉俊因与陈独秀在商谈党组织采用中央集权制还是采用地方分权制问题时发生分歧，两人通信互相责难，裂痕愈

来愈大。

李汉俊因此辞去代理书记职务。李达觉得党组织刚成立就闹分裂，太不像话，就调停于二者之间，要大家加强团结。但李汉俊态度坚决，不肯接受调停，代理书记不做了，把党的名册和一些文件转给李达，要李达代理书记。

1920 年 11 月，上海共产党人在西门路泰康里 41 号建立第一个产业工会——上海机器工会

1920 年 8 月建立的上海社会主义青年团机关旧址（今淮海中路 567 号）。上海共产党早期组织同时在此设立外国语学社，培养青年干部

　　为了党的团结，李达接受了这个职务。从这时起到党的一大召开，李达一直全盘主持党的上海发起组的工作。

# 七、创办并主编《共产党》月刊

上海共产党早期组织建立后，各地的先进分子也在酝酿建立政党。但依据什么思想和组织原则建党，如何使各地分散的共产党早期组织从思想上统一起来，这是摆在上海的共产党早期组织面前的一个急迫问题。

1920 年 9 月，党的发起组决定把《新青年》从第 8 卷起作为公开宣传的机关刊物，由李汉俊、陈望道主编，李达积极参与《新青年》改版编辑工作。同时借鉴列宁建党办《火星报》的经验，创办由李达主编的《共产党》月刊，作为秘密刊物分送各地的共产主义者。

1920 年 11 月 7 日，《共产党》月刊创刊，12 月出版第 2 期，后因经费困难，中断了 3 个月。到 1921 年 4、5、6 月筹建中国共产党的关键时期，出版了 3、4、5 期。从第 4 期起，《共产党》月刊还改为半公开刊物，由《新青年》刊登《共产党月刊社启》公布该刊目录，以扩大其影响。1921 年 7 月，中国共产党成立后停刊，共出 6 期。

《共产党》月刊为 16 开本，每期约 50 页。李达确

《共产党》月刊

《共产党》月刊合订本

定了月刊的编辑体例，每期由《短言》、正文和世界消息三部分构成。《短言》即社评，由李达执笔，针对具体问题发表立场鲜明的评论。1920 年 11 月 7 日创刊号的《短言》，旗帜鲜明地提出了中国无产阶级谋求自身解放的唯一途径即通过革命打倒资产阶级，建立无产阶级专政，实行社会主义。《短言》说道：

中国劳动者布满了全地球，一日夜二十四小时中太阳都照着我们工作。但是我们无论在本土或他国都没有一个是独立生产者，都是向资本家卖力。我们在外国的劳动者固然是他们资本家底奴隶，在本土的劳动者也都

是本国资本家底奴隶或是外国资本家底直接的间接的奴隶。要想把我们的同胞从奴隶境遇中完全救出，非由生产劳动者全体结合起来，用革命的手段打倒本国外国一切资本阶级，跟着俄国的共产党一同试验新的生产方法不可。什么民主政治，什么代议政治，都是些资本家为自己阶级设立的，与劳动阶级无关。什么劳动者选议员到国会里去提出保护劳动底法案，这种话本是为资本家当走狗的议会派替资本家做说客来欺骗劳动者的。因为向老虎讨肉吃，向强盗商量发还赃物，这都是不可能的事。我们要逃出奴隶的境遇，我们不可听议会派底欺骗，我们只有用阶级战争的手段，打倒一切资本阶级从他们手里抢夺来政权，并且用劳动专政的制度，拥护劳动者底政权，建设劳动者的国家以至于无国家，使资本阶级永远不至发生。

5月第4号《短言》还强调指出："共产党底根本主义，是主张用革命的手段改造经济制度，换句话说，就是要用共产主义的生产制度来代替资本主义的生产制度"。

在党的一大召开前夕，从第4期开始，《共产党》月刊增加了《国内消息》栏目。正文内容则围绕"什么是马克思主义及共产党""为什么要接受马克思主义及建立党组织"等一系列问题进行讨论，世界消息和国内消息是有关国内外社会主义运动发展情况的动态报道。

《共产党》月刊第一次在中国树起"共产党"的大

旗，喊出了"共产党万岁"的响亮口号，它明确宣告："我们共产党在中国有二大使命，一是经济的使命，一是政治的使命。"号召中国无产阶级"举行社会革命，建设劳工专政的国家"。它大力宣传列宁的无产阶级革命理论和建党学说，介绍共产党和国际无产阶级的建党经验，探讨中国革命的理论和实践问题。

1920年11月至12月间，陈独秀、李达致信毛泽东，告知上海成立中共早期组织、机器工会以及《中国共产党宣言》起草等情况，约请他在湖南建立党的组织，并寄来一批《共产党》月刊。这让毛泽东备受鼓舞。《共产党》杂志成为毛泽东在湖南筹建中共早期组织、组建湖南共产主义青年团的有力武器。建团骨干、湖南省立第一师范张文亮在日记中写道，12月27日，"泽东送来《共产党》9本"。1921年1月21日，毛泽东在写给身处法国的蔡和森的信中称赞《共产党》月刊"颇不愧'旗帜鲜明'四字"。

为了办好《共产党》月刊，李达在十分困难的条件下，进行了极大努力。《共产党》月刊编辑部一直设在李达住所，最初在老渔阳里2号，后随李达迁到南成都路辅德里625号，设在一个不到6平方米的亭子间内。编辑、印刷、发行等工作都只能秘密进行，经费也没有保证，编辑人员较少，编辑出版印刷非常困难，但李达总能想方设法解决困难。在最困难的时候，

| 毛泽东写给蔡和森的信

他一个人承担从写稿、编辑到发行的全部工作。

在李达的努力下，我党的第一个刊物《共产党》月刊积极向全国各地的先进分子介绍党的基本知识以及共产党的状况，有力地推动了中国共产党的创建。刊物的发行最多达 5000 份。北京、武汉、广州、长沙、济南等地共产主义组织都把它列为必读材料。

李达在《共产党》月刊上发表的部分文章

# 八、渔阳里 2 号客厅举行新式婚礼

1920 年，李达留日回国不久，在上海结识了一位眉清目秀、知书达理的姑娘。她就是当时给上海中华女界联合会会长（以下简称"女联"）黄兴夫人徐宗汉做文秘工作的王会悟，彼此很快就产生了爱慕之情。

王会悟于 1898 年出生于鱼米之乡浙江省桐乡县乌镇。其父王彦臣是晚清秀才，靠教私塾养家糊口。王彦臣禀性严厉耿直，对子女及门生要求很严。王会悟的母亲是位贤淑能干的女人。她既要操持繁重的家务，又要兼做些手工活补贴家用。她的刺绣技艺在家乡颇有名气，所以一年到头活计不断。这位勤劳善良的妇女共生养了 9 个孩子，其中有 4 个因患天花或奶水不足而早夭。

王会悟排行老五，从六七岁起就开始接受父亲的启蒙教育。13 岁时，

王会悟（1898—1993），浙江桐乡人

王会悟家乡乌镇一角

年仅 40 岁出头的父亲病故，家庭经济拮据，这使她在嘉兴师范学校的学业难以为继，不得不接替父亲在家乡教起书来。由于学生又增加了一些，原有的教室已容纳不下，王会悟便向本镇定格寺的和尚借了一个殿堂，独自办起了桐乡县第一所女子小学。课程设有国文、算术、体育等。

办了一阵，名声不错，乡亲们纷纷议论说："小王先生教得也不比王老先生差啊。"不久，学生骤增到百人左右。王会悟一个人忙不过来，就请来茅盾的堂妹沈明霞帮忙。王会悟按照学生文化程度的高低编成 4 个

王会悟（中）与同学们在一起

班。她教高级班，沈明霞教初级班。此外，还根据家长要求增设了一位教刺绣的教员。

当时，桐乡县教育部门为了表示对这所日益兴隆的女子小学的支持和鼓励，每月还奖给教员5元钱的津贴费。王会悟边教书，边向学生们宣传新思想，倡导新风俗，如反对当童养媳，鼓励女孩子们剪辫子、放脚等。有一次，她发现一个小姑娘把双脚裹得紧紧的，便动员她放开。小姑娘有些为难地说："脚长大了将来会没人要的（意即找不到婆家）。"王会悟听后扑哧一笑："将来社会要进步的，你裹成了小脚以后才没有人要呢！"

五四运动后不久，王会悟来到了上海，接触了大量新思想、新文化。她最爱读的杂志就是陈独秀创办的《新青年》。她拿起笔来，用白话文大胆地给陈独秀、李达、恽代英等写信，表示赞成采用白话文，拥护他们的革命主张。陈独秀在回信中兴奋地说："没想到我们的新思想都影响到教会学堂了。"他夸奖王会悟胆子大，鼓励她多读点儿书。

在上海期间，李达作为留日同学总会的代表回国办事，与"女联"有些来往，王会悟与李达便在工作之中相识了。在接触中，李达坚定的革命信仰和渊博的学识令王会悟敬佩不已；王会悟作为新女性的革命热情和强烈的求知欲也使李达产生了深深的爱慕之情。紧张的工作之余，他们常常带上3个牛舌饼（这就是他们的午饭或晚饭），来到淞沪炮台边散步谈心，依偎着遥望滔滔的黄浦江水和江面上来往的船只。李达经常向王会悟讲

述推翻封建制度，争取妇女解放，以及组织共产党的
道理。

有一次，李达对王会悟说："现在中国首要的事情
是要组织共产党，这样才能真正搞起革命来。"当时，
李达经常写文章针砭时弊，为抢时间，字迹往往比较潦
草，王会悟总是帮他誊写。

1921 年 4 月，由于共同的革命事业，李达与王会
悟的关系已由恋爱升华到了婚嫁之事。他们在渔阳里 2
号客厅里举行了新式简单的婚礼，只办了一桌酒席，请
了王会悟的表侄，沈雁冰、沈泽民兄弟和几位朋友，陈
独秀的夫人高君曼成为他们婚礼的见证人。

# 九、筹备召开中国共产党第一次全国代表大会

中国共产党早期组织分布图

中国共产党早期组织
分布图

1921 年 2 月，李达代理中国共产党发起组书记后，同各地共产主义组织联络，了解各地党的发起活动的进展，同陈独秀函商党的筹建事宜。到 6 月，除上海外，北京、武汉、长沙、广州、济南等地都已成立中国共产党早期组织，东京留学生和旅欧学生中亦有党的发起活动。

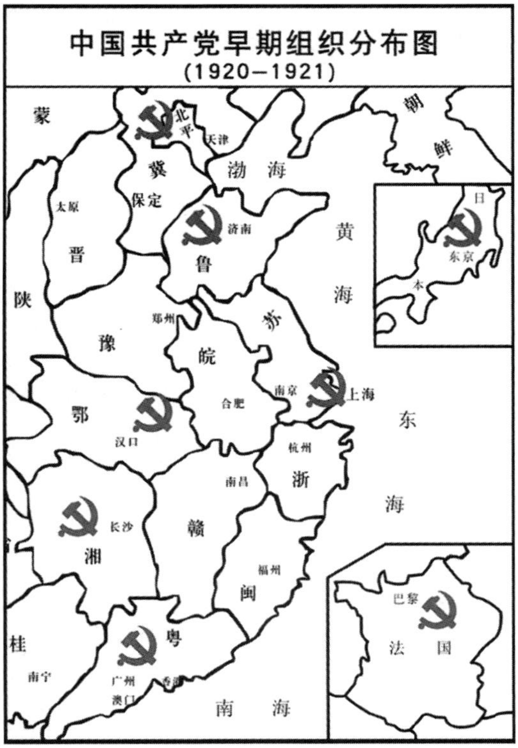

因此，李达和陈独秀认为，召开党的全国代表会议、建立统一的中国共产党的条件已经具备，时机也已成熟。同年 6 月初，共产国际代表马林和共产国际远东书记处代表尼克尔斯基先后到达上海，并与党的发起组成员李达、李汉俊取得联系。经过交谈，一致认为应尽快召开全国代表大会，正式成立中国共产党。李达、李汉俊在征询陈独

秀、李大钊的意见并获得同意后，写信通知各地党组织，要求各派两位代表到上海出席会议。

李达作为党的发起组的代理书记，担负了大会的筹备和组织工作。他代表党的发起组通知各地共产党早期组织各派两名代表来上海开会，信是以李达个人名义发出的。

为了大会圆满成功，李达草拟了《中国共产党宣言》，他先后起草两次，反复斟酌、修改，务求周到完备。他还起草了大会报告和其他有关文件。

李达要夫人王会悟负责会务工作，首先是安排好外地代表的住房。为了不引起外人注意，陈公博带着新婚夫人住大东旅社，何叔衡、董必武因年龄大分别寄住湖南、湖北会馆，李达夫人王会悟当时参加上海女界联合会，担任《妇女声》的编辑，与黄兴夫人徐宗汉、博文女校校长黄绍兰等都很熟识，她趁学校放暑假有空教

室，以借教室开"学术讨论会"为由，将毛泽东等大部分代表安排住伯尔路389号博文女子学校。由于学校没有床铺，王会悟去买了些芦席打地铺，好在正是夏天，反倒凉爽。

寻找开会的地址时，王会悟认为与博文女子学校紧紧相邻的李公馆是个理想的开会场所。李公馆的主人是李汉俊的哥哥李书城，李书城是同盟会的元老，当时他正好与夫人外出旅游，公馆也空着。王会悟与李汉俊商议，将会址安排在李书城寓所法租界望志路106号召开。

坐落于上海市兴业路的中国共产党第一次全国代表大会会址外景

李达（1890—1966），湖南零陵人，上海共产党早期组织代表。在中共一大会议上，被选为中共中央局成员，负责宣传工作。1923年脱党，新中国成立后重新入党，后任武汉大学校长。1966年8月在武汉逝世

李汉俊（1890—1927），湖北潜江人，上海共产党早期组织代表。1924年脱党，后任上海大学教授、湖北教育厅长。1927年12月在武汉遭军阀杀害

董必武（1886—1975），湖北黄安人，武汉共产党早期组织代表。后历任中共中央政治局常委、全国人大常委会副委员长、中华人民共和国代主席。1975年4月在北京病逝

陈潭秋（1896—1943），湖北黄冈人，武汉共产党早期组织代表。后任中共中央驻新疆代表、八路军驻新疆办事处负责人。1942年9月在新疆被捕，次年9月在乌鲁木齐狱中被害

毛泽东（1893—1976），湖南湘潭人，长沙共产党早期组织代表。后历任中共中央委员会主席、中共中央军事委员会主席、中华人民共和国主席。1976年9月在北京病逝

何叔衡（1876—1935），湖南宁乡人，长沙共产党早期组织代表。后任中华苏维埃共和国中央执行委员、内务部代理部长。1935年2月，在福建上杭牺牲

王尽美（1898—1925），
山东莒县人，济南共产党
早期组织代表。1925年8
月在青岛病逝

邓恩铭（1901—1931），
贵州荔波人，水族，济
南共产党早期组织代表。
1928年在济南被捕，1931
年4月在济南被害

张国焘（1897—1979），
江西萍乡人，北京共产党
早期组织代表。在一大会
议上，被选为中共中央局
组织主任。1935年红军长
征时，进行分裂党和红军
的活动，1938年被开除出
党。1979年在加拿大病逝

刘仁静（1902—1987），
湖北应城人，北京共产党
早期组织代表。1930年因
参加托洛茨基派别组织被
党开除。新中国成立后任
人民出版社特约翻译、国
务院参事。1987年在北京
去世

陈公博（1892—1946），
广东南海人，广州共产党
早期组织代表。1938年
投敌，充当汉奸。抗战胜
利后以叛国罪被判死刑，
1946年在苏州被枪决

周佛海（1897—1948），
湖南沅陵人，旅日中国共
产党早期组织代表。1938
年投敌，充当汉奸。抗战
胜利后以叛国罪被判无期
徒刑，1948年在南京狱中
病死

包惠僧（1894—1979），湖北黄冈人，受陈独秀委派出席中共一大会议。1927 年脱党，新中国成立后任国务院参事。1979 年 7 月在北京病逝

马林（1883—1942），本名亨克·亨德里克斯·斯内夫利特，荷兰人，共产国际代表

尼克尔斯基（1889—1938），本名弗拉基米尔·涅伊曼·阿布勃莫维奇，俄国人，共产国际远东书记处代表

　　1921 年 7 月 23 日晚，中国共产党第一次全国代表大会在上海法租界望志路 106 号（今兴业路 76 号）正式召开。出席会议的代表共 13 人，有上海的李达、李汉俊，武汉的董必武、陈潭秋，长沙的毛泽东、何叔衡，济南的王尽美、邓恩铭，北京的张国焘、刘仁静，广州的陈公博，留日学生周佛海，以及陈独秀委派的代表包惠僧。他们代表着全国 50 多名党员。参加会议的还有共产国际代表马林以及尼克尔斯基，总共 15 人。

　　由于时代的局限，中共一大没有妇女代表，但在这一重大历史进程中，中国女性并未留下空白，李达夫人王会悟以一大代表家属的身份为会务工作人员，除了安

中共一大会议期间，大部分代表以"北京大学暑假旅行团"的名义，临时住宿在上海伯尔路389号博文女校（今太仓路127号），并在这里开会讨论

毛泽东等代表住在博文女校二楼西厢房前间，原为博文女校职工宿舍

排代表住宿等会务工作外，还为会议放哨。

会场布置很简单，只有一张大餐桌，周围可坐10余人，各代表席上只放了几张油印的文件，也没有贴什么标语。会议由张国焘主持，毛泽东和周佛海做记录，马林用英语演说。其大意是说，中国共产党的成立，在世界上有重大意义，第三国际添了一个东方支部，苏联布尔什维克添了一个东方朋友，世界无产阶级联合起来了。他提出要致电第三国际，报告中国共产党的成立。由于他说话声音洪亮，马路上的人都可听到，这就引起了外人的注意。

30日晚，一大举行第六次会议。王会悟把马林和他的翻译杨明斋护送到会场，然后就在楼下观察动静。

突然，她看到一个穿灰色长袍的陌生中年男子，从厢房出来往楼上走，她立马前去询问，那位陌生男子含含糊糊地说："我找社联的王主席。"后又说："对不起，找错了。"说完后匆匆离开。

对此，王会悟感到蹊跷，就上楼告诉了杨明斋。杨明斋立即翻译给马林听，具有秘密工作经验的马林当机立断，建议会议立即停止。于是李汉俊和陈公博留了下来，代表们都赶紧离去了。

十几分钟后，法国巡捕包围了李公馆。法国巡捕和几名密探进入室内搜查和盘问。他们除了查到一些介绍和宣传社会主义的书籍外，并没有发现其他可疑的东西。李汉俊用法语对巡捕说："上午是我们几个朋友在此讨论十九世纪文艺复兴运动，争论起来了，惊动了你们，对不起！"法国巡捕警告了几句，就离开了，但在四周却布下了暗探。

由于发生了这样的事情，大会不能在上海继续进行了。李达夫人王会悟提议，会议可以转移到她家乡浙江桐乡相邻的嘉兴南湖，那里环境幽静，风景优美，游人不多，可以雇一艘大画舫，代表们一面游湖，一面开会，而且距离上海较近。

大家一致赞同这个意见，决定第二天就去。李达让王会悟当晚便去上海北站了解赴嘉兴的火车班次。第二天黎明，她与毛泽东等几位代表搭头班车先赴嘉兴，在鸳湖旅行社租了房间，供代表歇脚；又雇了画舫，预定饭菜，等候代表到来。

7 月 31 日上午 10 时左右，其余代表乘坐早班火车到了嘉兴，因是外国人，马林和尼克尔斯基怕引人注意

代表们带着麻将和酒菜走进画舫（油画）

中共一大最后一次会议转移到浙江嘉兴南湖的一艘船上继续举行。图为纪念游船外景

纪念游船内景

而未去。

王会悟在嘉兴南湖租了一艘画舫，在中舱桌子上准备了麻将和酒菜，她自己则装扮成歌女的样子，在画舫前舱放哨，中共一大就在南湖这艘画舫上继续举行。

人们以为他们是游客，并不在意。王会悟坐在船头望风放哨，发现别的游船有靠近迹象，她即用折扇敲击船板。代表们闻心会意，"一索""二索"地高叫起来，装作打麻将。不久，小雨霏霏，游人暂散，会议得以顺利进行。这天是 7 月 31 日，是中共一大的最后一天。

中共一大确定党的名称为"中国共产党"。确定党的奋斗目标是：1. 以无产阶级革命军队推翻资产阶级，由劳动阶级重建国家，直至消灭阶级差别；2. 采用无产阶级专政，以达到阶级斗争的目的——消灭阶级；3. 废除资本私有制，没收一切生产资料，如机器、土地、厂房、半成品等，归社会所有；4. 联合第三国际。

大会通过了党的决议。其主要内容是：第一，以上海、武汉两地和京汉、陇海两铁路为中心开展工人运动。"本党的任务是成立产业工会"，建立工人学校，"提高工人的觉悟，使他们认识到成立工会的必要"。第二，对待其他政党的态度，"应采取独立的进取的政策。在政治斗争中，在反对军阀主义和官僚制度的斗争中，在争取言论、出版、集会自由的斗争中，我们应始终站在完全独立的立场上，只维护无产阶级的利益，不同其他党派建立任何关系"。第三，党的宣传工作，仍旧以《新青年》杂志为公开宣传机关，以《共产党》月刊为秘密

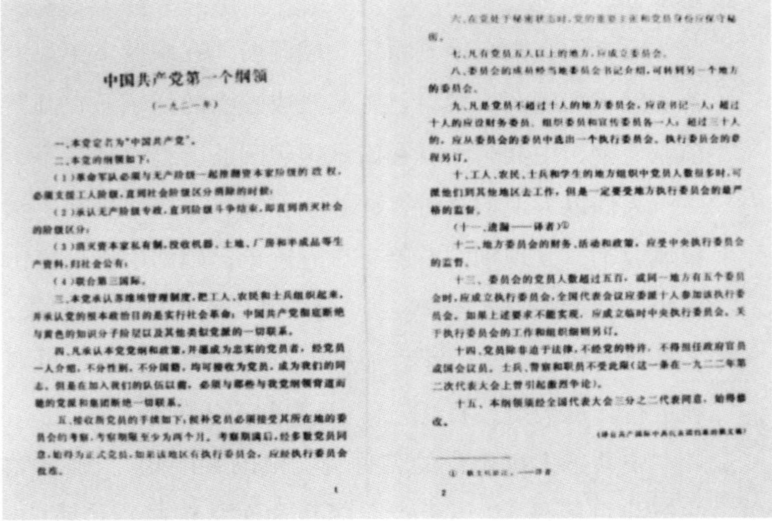

中国共产党第一个纲领

（一九二一年）

一、本党定名为"中国共产党"。

二、本党的纲领如下：

（1）革命军队必须与无产阶级一起推翻资本家阶级的政权，必须支援工人阶级，直到社会阶级区分消除的时候；

（2）承认无产阶级专政，直到阶级斗争结束，即直到消灭社会的阶级区分；

（3）消灭资本家私有制，没收机器、土地、厂房和半成品等生产资料，归社会公有；

（4）联合第三国际。

三、本党承认苏维埃管理制度，把工人、农民和士兵组织起来，并承认党的根本政治目的是实行社会革命；中国共产党彻底断绝与黄色的知识分子阶层以及其他类似党派的一切联系。

四、凡承认本党党纲和政策，并愿成为忠实的党员者，经党员一人介绍，不分性别，不分国籍，均可接收为党员，成为我们的同志。但是在加入我们的队伍以前，必须与那些与我党纲领背道而驰的党派和集团断绝一切联系。

五、接收新党员的手续如下：候补党员必须接受其所在地的委员会的考察，考察期限至少为两个月。考察期满后，经多数党员同意，始得为正式党员。如果该地区有执行委员会，应经执行委员会批准。

1

六、在党处于秘密状态时，党的重要主张和党员身份应保守秘密。

七、凡有党员五人以上的地方，应成立委员会。

八、委员会的成员经当地委员会书记介绍，可转到另一个地方的委员会。

九、凡是党员不超过十人的地方委员会，应设书记一人；超过十人的应设财务委员、组织委员和宣传委员各一人；超过三十人的，应从委员会的委员中选出一个执行委员会。执行委员会的章程另订。

十、工人、农民、士兵和学生的地方组织中党员人数很多时，可派他们到其他地区去工作，但是一定要受地方执行委员会的最严格的监督。

（十一、遗漏——译者）①

十二、地方委员会的财务、活动和政策，应受中央执行委员会的监督。

十三、委员会的党员人数超过五百，或同一地方有五个委员会时，应成立执行委员会。全国代表会议应委派十人参加该执行委员会。如果上述要求不能实现，应成立临时中央执行委员会。关于执行委员会的工作和组织细则另订。

十四、党员除非迫于法律，不经党的特许，不得担任政府官员或国会议员。士兵、警察和职员不受此限（这一条在一九二二年第二次代表大会上曾引起激烈争论）。

十五、本纲领须经全国代表大会三分之二代表同意，始得修改。

[illegible]

① [illegible]

2

《中国共产党第一个纲领》，这是俄文译件

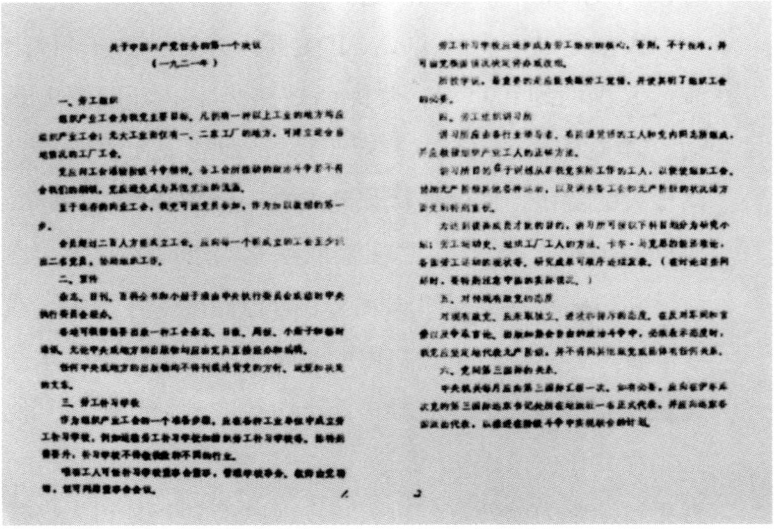

关于中国共产党任务的第一个决议

（一九二一年）

一、劳工组织

二、宣传

三、劳工补习学校

四、劳工组织研究机关

五、对现有政党的态度

六、党同第三国际的关系

决议主要内容是开展工运工作及其他工作的原则、方针，这是俄文译件

宣传机关。"任何出版物，无论是中央的或地方的，都不得刊登违背党的原则、政策和决议的文章。"第四，同第三国际的关系，"党中央委员会应每月向第三国际报告工作"，必要时，应派遣一名特命全权代表前往设在伊尔库茨克的第三国际远东书记处。

会议还讨论了中国共产党宣言。它的第一句话就是"人类的历史是阶级斗争的历史"，接着分析中国的时局，认为当时的北洋军阀和广东的国民党政府都应在打倒之列，主张实行社会革命，建立劳工专政，中国才有出路。

大会最后选举产生了党的中央领导机构，决定设中央局为党的中央领导机构，代表们推选陈独秀为书记，李达分管宣传工作，张国焘分管组织工作。各地小组都改成了支部。

中国共产党第一次全国代表大会的召开，庄严宣告了中国共产党的诞生。正如毛泽东所说："中国产生了共产党，这是开天辟地的大事变"，"自从有了中国共产党，中国革命的面貌就焕然一新了"。

# 十、创建并领导人民出版社

1921 年 9 月，李达住在上海南成都路辅德里 625 号的阁楼上，就在阁楼下不到 10 平方米的房间创办了人民出版社。图为李达下阁楼的情景（陈光辉绘制）

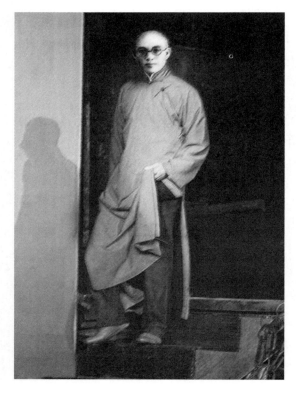

党的一大召开后，李达全力以赴主持党的宣传工作，成为中国共产党早期领导人之一。

在党创建初期，一方面是马克思主义迅速传播，另一方面各种反马克思主义和非马克思主义的学说也大行其道，党的思想理论建设和宣传工作亟待提高。因此，加快马克思主义理论著作的编辑出版，深入宣传马克思主义，扩大思想舆论阵地，成为一项迫切任务。为此，根据中共一大会议形成的共识，李达于 1921 年 9 月在上海创办了党的第一个出版机构——人民出版社。

人民出版社设在上海南成都路辅德里 625 号的阁楼里，不足 10 平方米，阁楼上就是李达在上海的寓所。为了避免引起反动势力的注意和破坏，李达采取以假乱真的方式出版书籍，把出版社写成"广州人民出版社"，社址则印成"广州昌兴新街26号"，故人民出版社又被称为"广州人民出版社"。

人民出版社的主要任务是：出版发行马列主义理论著作。李达在《新青年》第9卷第5号刊载《人民出版社通告》说："近年来新主义新学说盛行，研究的人渐渐多了。本社同仁为供给此项要求起见，特刊行各种重要书籍，以资同志诸君的研究。"并表示："本社出版品的性质，在指示新潮底趋向，测定潮势的迟速，一面为

书房

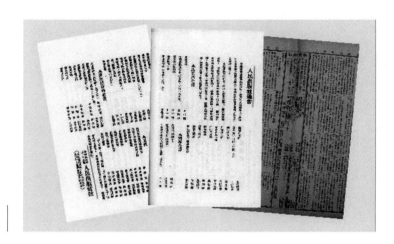

《人民出版社通告》
及部分出版书籍目录

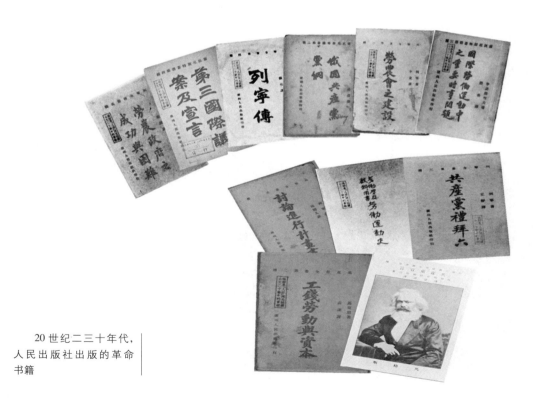

20世纪二三十年代，
人民出版社出版的革命
书籍

信仰不坚者祛除根上的疑惑，一面和海内外同志图谋精神上的团结。或编或译，都严加选择，内容务求确实，文章务求畅达，这一点同仁相信必能满足读者底要求。"

人民出版社的这个通告还公布了出版计划，准备出版"马克思全书"15种：《马克思传》《工钱劳动与资本》《价值价格与利润》《哥达纲领批判》《共产党宣言》《法兰西内战》《〈资本论〉入门》《剩余价值论》《经济学批判》《革命与反革命》《自由贸易论》《神圣家族》《哲学之贫困》《犹太人问题》《历史法学派之哲学的宣言》；再出"列宁全书"14种、"共产主义丛书"11种，其他理论著作9种。

| 今日人民出版社

　　这个出版计划，由于反动势力的迫害和物资条件的限制未能完全实现。但李达克服种种困难，在短短一年内出版了 15 种革命理论书籍，其中包括"马克思全书"3种、"列宁全书"5 种、"康民尼斯特丛书"4 种、其他书籍 3 种。这些经典著作和革命理论书籍在党的初创时期，成为许多共产主义者的启蒙读物和教科书，对促进马克思主义在中国的广泛传播，起了很大作用。

　　在反动军阀统治下，创办党的第一个秘密出版机构、出版发行马列著作及其他革命书籍，李达为此付出了艰辛的劳动。那时，除了著译书稿之外，丛书的编辑、付印、校对、发行工作几乎全由他一人承担。可以讲，在党的出版事业发展史上，李达是一位拓荒者和奠基人。

# 十一、创办上海平民女校

　　中国共产党成立后，为了开展妇女运动，培养妇女干部，李达与陈独秀商议，决定创办一所平民女校。李达让王会悟去找上海中华女界联合会会长徐宗汉，以联合会的名义出面筹建平民女校。李达发现其住处后有一

平民女校校址

处院子正急于出租，他知道组织经费紧张，就拿出自己的工资及稿费 50 元交了租金。

1922 年 2 月，中国共产党创办的第一所女子学校——上海平民女校诞生了。李达兼任主任即校长，并兼课讲授马克思主义，夫人王会悟负责学校的行政工作。校址设在上海南成都路辅德里 632 号（今成都北路 7 弄 42 号和 44 号），与李达的寓所在同一栋房内。学校规模不大，仅一栋二层的楼房，教室、工场、工作间、宿舍都在里边，其中楼上两间是教室，室内有一块黑板，几张破旧的课桌。学校设高等班和初等班，一个工作部，学生共约 30 人。

高等班的学生具有初中以上文化程度，设置国文、数学、物理、化学、英语、社会学、经济学、教育学共 8 门课程。陈望道、邵力子、张守白、高语罕教国文，沈雁冰、沈泽民教英语，李达教数学，陈独秀教社会学，李希贤教经济学，范寿康教教育学，周昌寿教化学。学生有蒋冰之、王醒锐、王苏群、薛正源、傅戎凡、蒋菊伊、黄玉衡、傅一星、高语英、高君曼、黄淑英等。这些高级班学生都具有较高文化水平，"都是不满足在官办或私人办的贵族女校受贤良教育，为追求革命真理而来的进步青年"。其中高君曼是陈独秀的姨妹，蒋冰之即后来的作家丁玲。

初等班的学生参差不齐，有文盲，有初小，也有高小。设置国文、算术、英语三门课程。王会悟教国文，柯庆施教算术，沈泽民教英语。学生有钱希均、张

平民女校的教员

丁玲（1904—1986），原名蒋伟，字冰之，湖南临澧人。中学毕业后考入平民女校，1922年进入上海大学中文系学习，1928年发表成名作《莎菲女士的日记》，1930年在上海加入"左联"，1932年加入中国共产党。1936年到达陕北，任中国文艺协会主任等职。新中国成立后，曾任中国作家协会副主席

王剑虹（1903—1924），原名王淑璠，四川酉阳人，土家族，瞿秋白夫人。1922年进入平民女校，担任《妇女声》编辑等工作，并介绍丁玲进入平民女校，图为丁玲（左）与王剑虹（右）合影

钱希均（1905—1989），浙江诸暨人。1922年进入平民女校学习，曾协助毛泽民创建并扩大党在上海的秘密出版发行工作。1926年底与毛泽民结婚。红军长征中任中央纵队运输大队指导员，为著名的延安女红军战士之一

王一知（1901—1991），原名杨代诚，湖南省芷江县人，1922年进入平民女校学习，1925年毕业于上海大学，长期从事党的秘密工作。新中国成立后，历任北京市华北中学校长，北京市第一中学校长。著有《五四运动引导我走向革命》

怀德、秦德君、卢亮等，她们多是年长失学的女子。这些年长失学的女子中，"有的是挣脱顽固家庭羁绊来求学的，有逃脱封建婚姻出来革命的，也有党员和革命的家属"。王会悟后来回忆说："当时季方逃出来连饭也没得吃，他夫人文化也不高，我认为她可以工读，还可以赚点钱。她说，王先生，我是不识字的。我说，来我们这里的都是同志，你是学员。她有两个小孩，丁玲等人说，怎么小孩也来了。我说，这没有关系。"

两个班的学生每周合上一次大课，主要讲马克思主

《民国日报》刊登《上海平民女学校招生》公告

义、政治时事和妇女切身问题。陈独秀、李达、张太雷、恽代英、张秋人、刘少奇、施存统、陈望道等都在女校作过政治时事报告。

此外，学生还经常到工厂参观，调查女工生活，办女工识字班，参加支援工人罢工斗争，她们深入浦东杨树浦、小沙渡、闸北各工厂宣传鼓动为工人募捐，从中得到了锻炼。此外还利用各种形式，向女工们宣传党的主张，提高她们的阶级觉悟和斗争积极性。

平民女校所特设的工作部，是为初等班学生做工设立的，由王会悟负责。分缝纫、织袜、编织三个组，大都是手工操作。平民女校学生每天半日做工，半日读

平民女校工作部 |

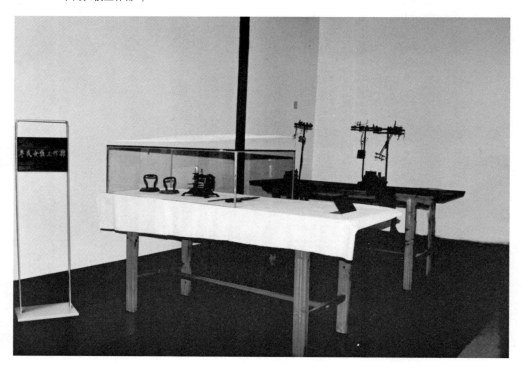

李达还领导上海中华女界联合会出版《妇女声》杂志的工作，重要稿件都经他审阅修改

平民女校的创办为了"培养妇女人才，开展妇女工作"。图为上海公大纺织工场的女工

书，实行半工半读。李达很重视这个工作部，1922年3月，他还特地写了《说明本校工作部底内容》，要求参加工作部的学生："第一，须有刻苦耐劳之精神，切不可好逸恶劳，懒于操作。第二，须有严格自制的意志，切不可倚赖他人或仰助学校。"他还特地声明："本校工作部是为一般愿做工读书的女子而设的，凡入工作部的人，都要靠自己做工维持生活，本校尽可能设法代为介绍工作，却没有能力给予经济上的补助。"李达为高级班学生讲授代数课，还让学生到街头散发革命传单，组织各种募捐活动。

上海平民女校不仅是中国共产党培养妇女干部的摇篮，也是一所新型的女子学校。虽然它只存在了一年，但在中国教育史和妇女运动史上留下了辉煌的一页。

# 十二、生平最不能饶恕的大错误

1922 年 7 月，在中国共产党第二次全国代表大会上，李达表示不再继任中央局宣传工作，要到湖南自修大学任教。其实，李达离开党中央，与陈独秀的意见分歧是一个重要因素。

李达回忆说："那时候我主张党内对马克思学说多做一番研究功夫，并且自己也努力研究马克思学说和中国经济状况，以求对于革命理论得一个彻底的了解。但党内的人多注重实行，不注重研究，并有'要求马克思那样的实行家，不要求马克思那样的理论家'的警句，同时我也被加上了研究系（指研究社会学说讲的）的头衔。"

陈独秀最重实行。他转向马克思主义以后，立即结合中国的实际问题进行马克思主义宣传，并与李达配合，进行社会主义问题和无政府主义的论战，陈、李相得益彰；而且，使马克思主义从宣传转向革命实践，陈独秀功不可没。但是，陈独秀对马克思主义学理的研究过于轻视。1922 年 5 月，陈独秀在《马克思的两大精

神》的演说中说：马克思学说和行为的两大精神，一是运用了欧洲近代自然科学的证实归纳法来论证社会，一是"实际活动的精神"，他号召说："我希望青年同志们，宁可少研究点马克思的学说，不可不多干马克思革命的运动！"

在建党初期，中共的理论建设不足，多数党员只了解一些马克思主义的皮毛，就投入到革命实践中去了。这是历史形势发展的特点所致，但并不意味着可以轻视理论。

李达强调重视理论研究的同时，强调要"专心马克思主义的研究，不愿分心于它务"，"在主观上，自以为专做理论的研究与传播，即算是对党的贡献，在党与否，仍是一样"。这是李达脱党的重要原因之一。

李达与陈独秀的第二个分歧是关于国共合作的策略问题。国共合作既是共产国际的指示，也是中国革命反帝反封建斗争的实际需要。

1922年8月，中共中央在杭州西湖举行了特别会议，决定采用"党内合作"的形式进行国共合作，共产党员以个人身份加入国民党。自党的二大后，李达离开了中央，没有参加西湖会议，觉得对这一决定难以接受。

1923年暑假，李达从长沙到上海会见陈独秀，两人谈起国共合作的问题，李达说："我是主张党外合作。"他的话还没说完，陈独秀"便大发牛性，拍桌子，打茶碗，破口大骂，好像要动武的样子"。他威胁李达说："你违反党的主张，我有权开除你。"李达毫不示弱，

李达与王会悟的三个
孩子：李心田（右）、李心
天（中）、李心怡（左）

李心田（中）、李心
天（右）、李心怡（左）

针锋相对地说:"被开除不要紧,原则性决不让步,我也不重视你这个草莽英雄。"

李达在自传中写道:"我心里想,像这样草寇式的英雄主义者,做我党的领袖,前途一定无望。但他在当时已被一般党员尊称为'老头子',呼'老头子'而不名。我当时即已萌发了脱党的决心。"

这样,大约在1923年秋,李达回到了长沙,脱离了自己曾积极参与创建并为之作出过重大贡献的中国共产党。他后来认为,这是他"生平所曾犯的""最严重的、最不能饶恕的大错误"。

李达脱党,但并不脱离革命,更没有离开马克思主义,仍与党组织保持良好的关系,用各种方式始终不渝地为党工作,坚持马克思主义理论的研究与宣传。

李达回长沙后,湖南党组织仍然把他当作同志对待,毛泽东、李维汉等负责人有什么工作仍然叫他做。他也经常向湖南党组织推荐进步学生入党。国民党也仍把他视为共产党。大革命失败后,湖南当局还以"著名共首"的罪名通缉他。

自此,李达集中精力研究和传播马克思主义,著作等身,影响深广,成为我国卓有建树的马克思主义理论家。1924年2月,李达夫妇有了第二个孩子,这是一个活泼可爱的男孩,取名心天。一年后,1925年11月,李达夫妇有了第三个孩子,这是他们的第二个女儿,取名心怡。

# 十三、应邀担任湖南自修大学学长

　　党的一大后，毛泽东寓居长沙清水塘。为扩大马克思主义宣传，聚集革命力量，培养党、团干部，毛泽东和何叔衡等人决定创办湖南自修大学。征得船山学社社长贺民范的同意后，把船山学社作为自修大学校址。

　　创办自修大学是毛泽东的夙愿。毛泽东早就不满于

湖南自修大学旧址

湖南自修大学内景

封建旧教育和资产阶级的学校教育。还在1919年12月，他就提出了"创造新学校，施行新教育"的设想。1920年春，他在北京给新民学会会员陶毅和周世创的信中就明确提出，要在回长沙后"邀合同志，租一所房子，办一个自修大学"，并说"这个名字是胡适之先生造的"。

1921年8月16日，毛泽东起草发表了《湖南自修大学创立宣言》《湖南自修大学组织大纲》，由贺民范任湖南自修大学首届校长，毛泽东任指导主任，实际上是驻校校董，负责全面工作。毛泽东手书"湖南自修大学"校名，宣告这所新型学校的诞生。

9月开学时，入校者只有1名，就是著名的共产党员夏明翰。后中共党组织安排9人陆续入学。当时经费不足，举步维艰，但为众多的进步人士所关注。蔡元培欣然应聘为名誉校长，并在上海《新教育》杂志上称自修大学"合我国书院与西洋研究所之长而活用之。其诸可以为各省新设大学之模范"。李石曾也撰文认为自修大学"为高等教育普及之先导，为社会自由制度实现之先导"。

1922 年秋，李达应毛泽东之邀，由沪返湘，任湖南自修大学学长。这次是偕夫人王会悟及不满半岁的女儿心田离开上海来到长沙。

李达的到来，受到湖南共产主义者的热烈欢迎。毛泽东陪同他与学员见面，并介绍说：李先生曾负责党的宣传工作，马克思列宁主义水平很高，特请他来担任学长，帮助大家学习马列主义。长沙《大公报》还发表了李达就任湖南自修大学学长的消息。

李达来湖南任职，引起了省长赵恒惕的关注。赵氏想装点门面，邀请李达到省审计院任职，并将其列入审计院名单公布，又邀请李达赴宴，但都被李达拒绝了。为避免与省府当局打交道，也是为了避免不必要的麻烦，他便于 1923 年 1 月 8 日至 10 日在《大公报》连续刊载《李达启事》：

鄙人别号鹤鸣，此次由沪返湘，单在自修大学担任教职，并未在他处就事。昨日各报载审计院公职人员中，有与鄙人名姓相同者一人，系另一李达，兹因各方友人之函询，特此登报声明。

这则别有兴味的启事，既公开声明了他不与省府合作的态度，又给省府当局留了面子。因此赵恒惕即使如骨鲠在喉，也抓不着李达的把柄。

湖南自修大学实际上是一所传播马列主义、培养革命干部的新型学校。学员有毛泽东、何叔衡、易礼容、贺民范、李达、李维汉、夏明翰、毛泽民、王会悟、郭亮、夏曦等 30 余人。

长沙《大公报》连续刊载《李达启事》

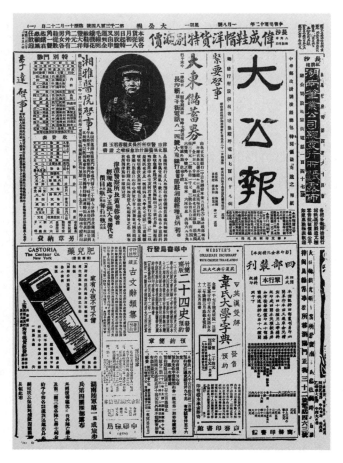

湖南自修大学有独特的教育制度和学习方法，注重学员自学，反对教员用灌注食物方式施教。学习方法上强调自己看书，自己思索，共同讨论，共同研究。为促进学术研究，学校组织有哲学研究会、心理学研究会、中国文学研究会、经济学研究会等；还设有一个藏书丰富的图书馆，收藏有进步书刊和报纸。《共产党宣言》《哥达纲领批判》等经典著作，都是学员研读的重要文献。

李达作为学长主持全校教学，他特别重视学员

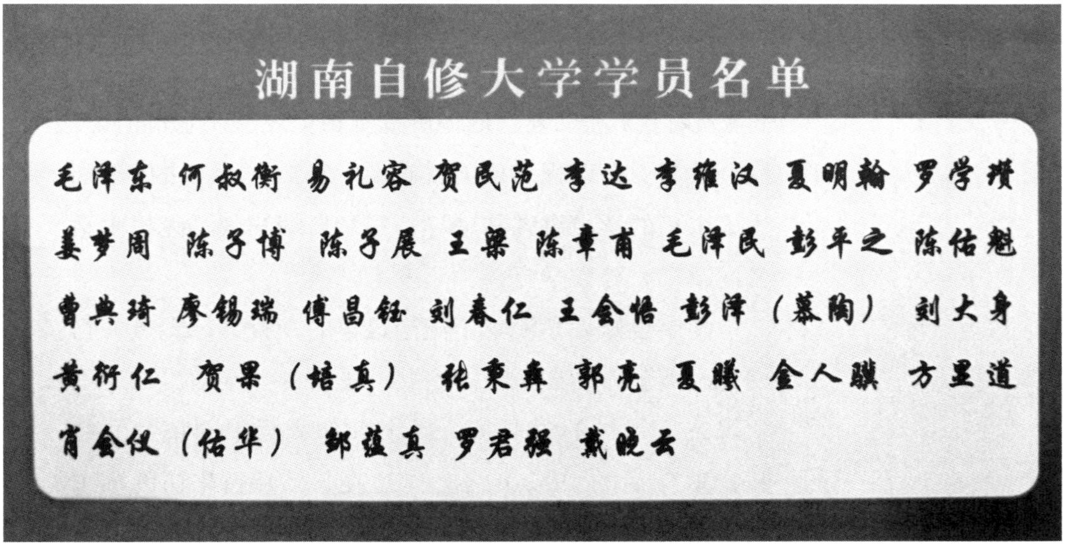

湖南自修大学学员名单
毛泽东 何叔衡 易礼容 贺民范 李达 李维汉 夏明翰 罗学瓒
姜梦周 陈子博 陈子展 王梁 陈章甫 毛泽民 彭平之 陈佑魁
曹典琦 廖锡瑞 傅昌钰 刘春仁 王会悟 彭泽（慕陶） 刘大身
黄衍仁 贺果（培真） 张秉彝 郭亮 夏曦 金人麒 方呈道
肖会仪（佑华） 邹蕴真 罗君强 戴晓云

湖南自修大学学员名单

現代思想
批評
社會主義與江亢虎（續） 李達
譯著
支那的光明面
日本半澤玉城 漢生摘譯

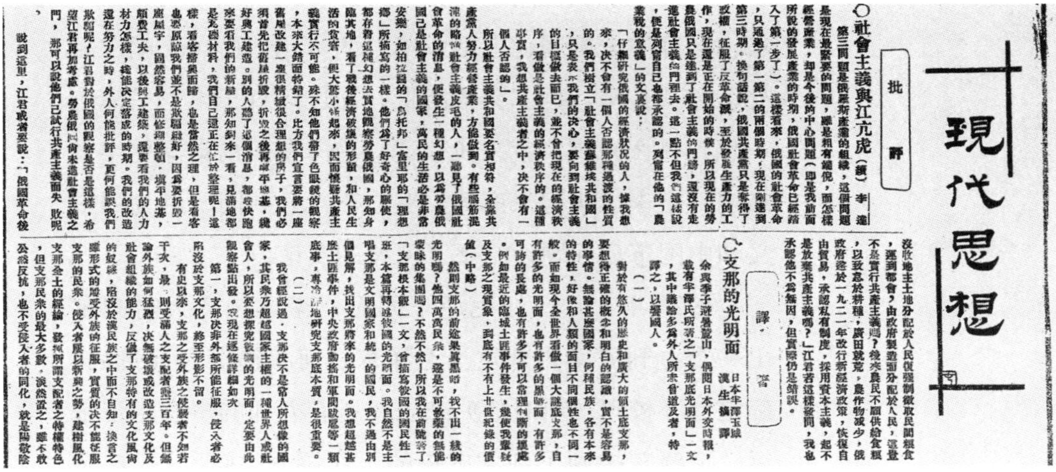

李达在《大公报》上发表的《社会主义与江亢虎》长文

学习马克思主义原著，给学员讲授《德国劳动党纲领栏外批评》即《哥达纲领批判》，并把它翻译成中文在校刊《新时代》上发表。他还讲授唯物史观、剩余价值论、社会发展史等课程。他因材施教，经常在一天之内分别为3个班的学员讲课和辅导，并亲自编写《马克思主义名词解释》等教学资料，印发给学员。

湖南自修大学汇集了湖南最早的一批共产党员，它成为湖南革命的摇篮，湖南共产主义的大本营。在这里学习或工作过的学职员，后来大都成为中国革命的中坚。30年后的1952年冬，李达在长沙接待来访的苏中友好代表团团长吉洪诺夫时，他深情地谈到湖南自修大学，不无自豪地说："自修大学当年成为共产主义的大本营。"

在湖南自修大学期间，李达、王会悟夫妇与毛泽东、杨开慧夫妇同住在清水塘，两家比邻而居、朝夕相处，过从甚密。据王会悟回忆，在这段日子里，毛泽东一想到什么问题，就来找李达。毛泽东还常常深更半夜敲门，把李达叫起来商谈，毛、李二人共同研讨马列主义和中国革命问题，结下了深厚的友谊。

1923年3月，经毛泽东同意，李达用3天时间拿出一个办刊方案。李达、毛泽东、何叔衡等人商量后，确定创办校刊《新时代》杂志。所有办刊的事宜定下来后，毛泽东接到了到党中央的工作调令，《新时代》杂志不得不由李达一个人承担起组稿、编辑和出版的全部工作。李达只用了20来天的时间，创刊号就和广大读

李达带着夫人王会悟和女儿李心田，与毛泽东一家人同住在清水塘。图为旧居外景

旧居内景

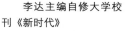

李达主编自修大学校刊《新时代》

《新时代》发刊词

者见面了。

李达在《发刊词》中指出：本刊出世的使命实在非常重要。将来，国家如何改造，政治如何澄清，帝国主义如何打倒，武人政治如何推翻，教育制度如何改革，文学艺术及其他学问如何革命，如何建设，等等问题，本刊必有一种根本的研究和具体的主张贡献出来，目的是借此引起许多志同道合的人们从事这种改造的事业和研究，那是同人所十二分盼望的。

《发刊词》所指出的这些问题，既是自修大学学员研究的学术问题，又包含有中国共产党二大所提出的中国革命纲领问题。这在当时都是切合时宜的重要问题。

从4月到7月，《新时代》杂志共出版了4期，每期为大32开本，约100页，印数为2000份，这在当时已经是不小的印数了。毛泽东在这份校刊上发表了《外力、军阀与革命》，李达每期都撰写重要理论文章，如《何谓帝国主义》《为收回旅大运动敬告国人》《马克思学说与中国》《中国商工阶级应有之觉悟》《旧国会不死大盗不止》等。此外，马克思的《德国劳动党纲领栏外批评》的译文也刊登在该刊上。《新时代》实际上成为中共湘区委员会宣传马克思主义理论和党的纲领、策略的重要阵地。

湖南军阀逐渐认识到湖南自修大学的存在是一个极大的威胁，1923 年 11 月，赵恒惕以"所倡学说不正，有碍治安"为名，派人查封了自修大学，《新时代》也被禁止出版。

李达在《新时代》发表的文章

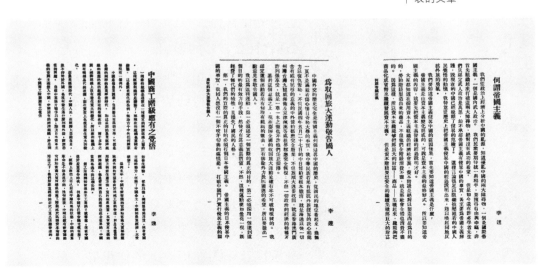

# 十四、出版轰动中国思想界的《现代社会学》

1926 年 6 月，李达整理这一时期在各大学校讲授唯物史观的教案和研究成果，经湖南现代丛书社出版了他的第一部专著《现代社会学》。

《现代社会学》刚一出版，就轰动了中国思想界，革命者"几乎人手一册"，重版 14 次之多。大革命失败后，反动派通缉李达时开列的"犯罪事实"就是"著名共首""著有《现代社会学》，宣传赤化甚力"。这也从一个侧面反映了《现代社会学》的影响。

1926 年以前，唯物史观的基本理论在中国虽然已得到传播，但这种传播还是初步的。《现代社会学》论述了生产力和生产关系、经济基础和上层建筑的辩证关系，个人在历史上的作用等唯物史观。特别是在历史发展的动力、历史发展的规律、阶级斗争与社会历史发展的关系以及个人在历史上的作用等一系列

由湖南现代丛书社出版的李达专著《现代社会学》

重大历史理论问题上都有独到见解。就所论及问题的广泛性和内容的深刻性而言，《现代社会学》代表了中国早期马克思主义者对唯物史观的理解和运用所能达到的最高水平。

此书以鲜明的特色适应了革命的需要：第一，它对唯物史观的论述全面周详，能抓住实质，无片面割裂之弊。例如全书始终把握生产力的最终决定作用，同时又给生产关系和上层建筑诸因素的反作用以充分估计，既反对了唯心论，又反对了机械论。第二，紧密联系世界和中国的历史与现状，从理论上回答了一系列亟待明确的问题。如指出中国社会的性质是半封建半殖民地，现阶段革命的对象是帝国主义和封建主义，革命的领导者是无产阶级和共产党，革命的前途是经过国家资本主义过渡到社会主义等等。第三，层次井然，文辞酣畅，用浅显的文言写成，有浓厚的中国气派。

李达论历史发展动力问题，是从生产力和阶级斗争两个角度进行的，其中生产力的决定作用是根本，阶级斗争在历史发展中起"人工的发动力"的作用。《现代社会学》对中国社会发展的进程作了正确分析，在后来展开的关于中国性质问题和社会史问题的论战中，该书为进步学者寻求关于中国革命性质和前途问题的正确答案提供了有利条件。书中关于家庭、私有制、阶级、国家的起源的论述，对此后郭沫若、吕振羽等研究上古历史都有启迪作用。

马克思主义史学家吕振羽曾就《现代社会学》一书

的意义指出：是中国人自己写的最早的一部联系中国革命实际系统论述唯物史观的专著，李达"是我国有系统地传播唯物史观的第一人"。唯物史观是马克思主义史学的理论基础和方法指南，可以说《现代社会学》对于马克思主义史学理论的初步形成起了重要作用。

# 十五、白色恐怖中的红色教授

　　李达脱党以后，与党的组织仍保持着密切的联系，受党的委托做了大量实际工作。1926 年 10 月，北伐军攻克武汉后，中央军事政治学校政治科由广州北迁武汉。李达应邓演达之邀，到武汉主持中央军事政治学校的招生工作，并代理政治总教官。恽代英到校后，李达协助恽代英任政治教官，并兼任国民革命军总政治部编审委员会主席。

　　1927 年初，总政治部部务会会议决定成立农民问题讨论委员会，作为农民运动的参谋机关。李达被聘为该会的常务委员，多次参与农民问题的讨论。毛泽东受中央委托到达武汉，创办中央农民运动讲习所。一次，毛泽东听说李达也在武汉，就专程去拜访。别后重逢，倍感亲切。毛泽东当即邀请李达给农讲所的学员们讲授马列主义理论，李达愉快地接受了邀请，并多次给农讲所学员授课。

　　1927 年春，李达受毛泽东之托做过唐生智的统战工作。唐氏后来说："记得 1927 年春，在武汉，有一次

国民革命军中央农民
运动讲习所旧址

李达为国民革命军讲授马克思主义（陈光辉绘制）

李达到我家来，他说：'润之先生希望你同我们一起干革命，要我来问你，你干不干?'我说：'当然要干嘛!'"

3月底，李达受命回长沙，与谢觉哉、夏曦、郭亮等人筹办国共合作的国民党湖南省党校。唐生智任校长，谢觉哉任秘书长，李达任教育长。党校于4月初开学，5月21日上午补办开学典礼。但是，当日晚上10时半，许克祥发动了叛乱。一时群魔乱舞，长沙城笼罩在一片白色恐怖之中，这就是骇人听闻的"马日事变"。李达接到湖南地下党组织的紧急通知，在当天夜里，同他的父亲、大哥、大侄，匆匆包雇一艘木船，离开长沙，乘船逆湘江而上，于6月13日抵达家乡零陵县蔡家埠避难。

其时，零陵也正笼罩在白色恐怖之中，但唐克、李义等共产党人正在秘密发动农民进行武装斗争。李达获悉后十分高兴，他给唐克等人出主意，并用自己从长沙包租回乡的那艘木船送唐克等人过湘江，武装袭击蔡家埠团防局，一举缴获了零陵蔡家埠河西团防局的16支

讲习所大教室前景 |

讲习所教员

讲习所一角

唐克（1903—1930），湖南零陵（今冷水滩区）人，1925年加入中国共产党，曾任红八军顾问，政治学校大队长

步枪。

这一行动震惊了敌人，唐克所领导的革命武装毕竟势单力薄，当地国民党当局在唐克夜袭蔡家埠团防局后即来清乡，李达在家乡也不能立足了，只好马上转移。8月下旬，他秘密乘船，顺湘江而下去了长沙。

李达到长沙后，得到李汉俊的密信："鹤兄宜速离乡，免遭意外，可先来武昌中山大学任教。"他接信当晚即离开长沙赴武昌。1927年9月下旬在武昌中山大学（今武汉大学）任教。年底，桂系军阀攻入武汉，"厉行清党"，李汉俊、詹大悲等被枪杀，李达幸免于难，逃往上海。

在白色恐怖笼罩的上海，李达虽然处境危险，但他同反动派的文化"围剿"进行了不屈不挠的斗争。他参加了上海左翼社会科学家联盟，同上海地下党组织保持直接联系，坚持马克思主义理论阵地，从事出版、著述、教学等工作。

1928年冬，李达和友人熊得山、邓初民、张正夫、熊子民等创办昆仑书店，出版马克思主义理论著作等革命书籍。李达全然不顾国民党当局对《现代社会学》的列罪攻击，针锋相对地由昆仑书店出版了《现代社会学》修正版。

昆仑书店还出版了若干马克思主义经典著作。1930

年，它在我国首次出版了陈启修译的《资本论》第 1 卷第 1 分册、李达译的马克思《政治经济学批判》、钱铁如译的《反杜林论》（上册）。此后，又出版了恩格斯的《机械论的唯物论批判》，这是杨东莼、宁敦伍根据德国人赫尔曼·唐克尔 1927 年编的马克思主义文库第 3 篇合译的。"这个译本内容很广泛，实际上是马克思和恩格斯的辩证唯物论著作和论述的集子。"正文为《路德维希·费尔巴哈与德国古典哲学的终结》一书和恩格斯自己 1888 年 2 月为出单行本写的序言。附录比正文的篇幅还大，包括《费尔巴哈论纲》等 8 篇。可见，在出版马克思主义书籍方面，昆仑书店起了带头作用。

在国民党白色恐怖下，李达立场坚定。他后来说，从 1923 年秋脱离共产党后，"我就致力于

1926 年武汉国民政府组建国立武昌中山大学，1928 年将其改建为国立武汉大学

由上海昆仑书店发行的《现代社会学》

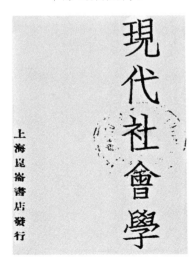

马克思主义的研究，抱着至死不变的决心，不离开马克思主义，决不做反党反人民的事情，决不参加任何别的党派组织，也决不为反动派的威胁、利诱的打击所屈服"。

当时，一些人通过种种渠道引诱他去南京为政府当局效劳，李达一口回绝说："一个月给我一千元大洋我也不干！"谷正伦还派一个姓郭的秘书做说客，写信给李达说谷氏想聘他做顾问，并保证共进退。对于这位卫戍司令的邀请，李达同样嗤之以鼻，连信都不回。他说："要我做刽子手的顾问，真是不把人当人。"

然而，李达却与许德珩、张庆孚、邓初民、施复亮、钟复光、黄松龄等人发起组织"本社"。所谓"本社"，就是"要保本，保持革命的本分，保持自己的纯洁性"。也就是"不要忘本，不能做损害共产党的事"。实际上，它"是共产党的外围组织，宗旨是拥护共产党，跟着共产党走，同情和支持毛主席领导的井冈山斗争，公开的口号是要求贯彻执行孙中山的三大政策"。由于国民党反动派的破坏，"本社"被迫解散。

其时，党组织十分关心李达的处境和对革命的态度。1929年秋，中共中央宣传部董维健将李达介绍给当时以左翼社会科学家联盟书记身份从事活动的地下党员张庆孚。他说："李达（是）1923年反对陈独秀的右倾机会主义争吵被陈独秀开除的。"并说："李达对共产党是同情的。"张庆孚奉命做李达的工作，李达也与党组织保持联系，努力完成党组织交给的任务。

1929 年上半年，上海法政学院三次聘请李达任教，他都未予应允。但是张庆孚告诉他"这是党组织同意的"，他终于高兴应聘，去该院讲授马克思主义社会学和政治学。

1930 年秋，李达又在地下党支持下应聘去暨南大学任教，讲授辩证唯物主义。次年秋，该校社会经济系主任许德珩被解职，文学院院长陈中凡要李达接手。但许氏是李达的朋友，碍于朋友面子，他当然不愿意接手，但是，当张庆孚告诉他这是党组织的提议，他便立即应承。

1931 年初，从苏联学习回国到上海任中共中央宣传部部长的张闻天，还专门到李达家中谈了一晚上，鼓励他继续坚持党的立场，坚持马克思主义的立场。

李达的教学和研究活动引起了国民党特务的密切注意。他的家里经常有一些不速之客。九一八事变不久，他到暨南大学做时事讲演时还遭到学生特务的毒打。那天，几个学生特务持棍在校门口盘查，李达进校门时回答："我是学校社会经济系主任，学生会邀请我来演讲。"一个姓庄的学生特务说："噢，你就是李达！"说着伸手就是一巴掌，接着揪住他用力向石板地摔去，并向他的胸部、右肩、肋骨猛击。

张闻天(1900—1976)，江苏省南汇县（今属上海市）人，原名应皋（也作荫皋），曾化名洛甫，字闻天。张闻天是杰出的无产阶级革命家和理论家、忠诚的马克思主义者、中国共产党早期的重要领导人

在白色恐怖下，李达给进步青年讲授马克思主义（陈光辉绘制）

李达被打倒在地，面无血色，动弹不得。后来被左派学生发现送到海格路红十字医院，经检查他右臂骨和右锁骨被打断，住院医治40余天，右臂还不能活动。然而，李达坚定地说："反动派想打断我的右臂，不让我再拿笔，要我放下武器，办不到！我一定要把右手锻炼得和好手一样。"

他出院后，一面以顽强的毅力锻炼右臂，恢复动手能力；一面继续利用讲课和学生的个别访问，宣传革命理论。但是，暨南大学当局仍然借一·二八事变迁校之机会，于1932年2月将他解聘了。

1931年前后，国民党当局对革命文化发动反革命"围剿"，先后颁布了《出版法》和《出版法施行细则》。按照这些法令，凡是宣传共产主义的都被视为"反动"；对国民党和国民政府稍有不满的，即被视为"替共产党张目"。因此，政府当局常常查禁书刊，封闭书店，捣毁文化机关，直至逮捕和暗杀革命文化工作者。

就在这种文化"围剿"的白色恐怖下，1932年，李达以"王啸鸥"的名义（实际上是夫人王会悟）创办了笔耕堂书店，他本人负编辑、出版、发行之全责，自己出钱买纸，托人代印，然后署上"笔耕堂书店"出版，再找人把书转销出去。

李达冒着极大的风险，大胆而又巧妙地继续出版《反杜林论》等马克思主义著作。其时，《反杜林论》译者吴黎平已被捕入狱，该书被列为"禁书"。李达毅然重版这本书，除了把译者改名为"吴理屏"以外，一切照旧，印数反而比江南书店初版还多。

在白色恐怖的日子里，李达还尽力帮助受到国民党迫害的共产党人和革命同志。1931年1月17日晚上，共产党员、作家、左联会员胡也频被捕。翌日下午，李达和夫人王会悟就赶到万宜坊胡氏家中，将胡夫人丁玲

胡也频（1903—1931），福建福州人，"左联五烈士"之一

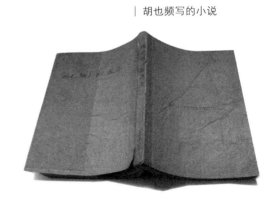

胡也频写的小说

和孩子接到自己家里住了将近一个月。后来，胡也频遇害，李达还特意出版了胡也频《光明在我们面前》一书，以表达对死难烈士的纪念。

# 十六、两次为冯玉祥将军讲学

冯玉祥早年从淮军，后投新建陆军，武昌起义时举兵响应，1914 年参加讨袁。北伐后的 1928 年，任国民政府行政院副院长兼军政部长。因军队编遣等问题与蒋介石发生利害冲突，在 1929 年和 1930 年爆发的蒋冯战争和蒋冯阎战争中失败下野，所部被蒋收编。

冯玉祥（1882—1948），原名冯基善，字焕章，安徽巢县人（今巢湖市居巢区夏阁镇竹柯村），寄籍河北保定；早年从淮军，后投新建陆军，曾任队官、管带等职。武昌起义时，举兵响应。1914 年任第十六混成旅旅长，参加讨袁。1921 年升第十一师师长。后任陕西、河南督军，陆军检阅使

九一八事变后，冯玉祥力主抗战，发表了慷慨激昂的抗日讲话，极力主张举国上下，一致对外，遭到了蒋介石的拒绝。冯玉祥一气之下离开南京到泰山隐居，一边静心读书，思考国家和民族的未来；一边反思自己几十年的坎坷历程，重新选择人生道路。

1932 年 6 月，上海地下党通过张庆孚，找到正在上海政法学院教书的李达，请他上泰山，为冯玉祥讲授哲学和社会发展史，同时做冯玉祥的统战工作。张庆孚与李达交往甚深，李达爽快地答应

下来。

冯玉祥早就知道李达是最有理论水平的哲学家之一，几年前他的高级顾问李书城先生推荐了李达的《现代社会学》《中国产业革命史观》等哲学和社会学方面书籍，他读了这些书后，触动很大。

在泰山，冯玉祥要求李达主要为他讲列宁的哲学，因为他到过苏联，对列宁很崇拜，对列宁的哲学非常喜欢，他想从列宁的哲学中，找出自己失败的原因。根据冯玉祥的这一要求，李达专门挑了列宁几篇著名的哲学原著讲解，同时还讲授社会发展史。

李达在泰山讲学有两个显著特点：一是通过讲授列宁哲学和社会发展史，从世界观、人生观和方法论的高度，紧密结合冯玉祥所走过的道路、一生中成功与失败的原因和教训，委婉地指出冯玉祥前半生走过一些弯路的原因在于不能用辩证法来看待自己，看待世界。查找原因，在于对社会发展规律的认识不清，没有透过事物的现象看到本质，因而往往在革命的紧要关头，不能明辨是非，不能拿出切实可行的正确主张，使自己或者掉进别人的圈套，或者在原地停滞不前。

李达还分析说，西北军本来是一支忠实追随孙中山先生干国民革命的队伍，但由于在革命的关键时刻，对中国革命的性质、前途，革命的主要矛盾、对象及任务

泰山普照寺

冯玉祥在泰山学习的
地方

缺乏应有的认识，所以，被国民党蒋介石所蒙骗，最后被分化瓦解了，这是一个沉痛的教训。

二是通过讲授列宁哲学，用辩证法切入中国当时最实际和现实的问题，分析透彻，入情入理。李达明确地说，按照列宁的辩证法思想，中国目前的主要矛盾应该是中华民族与日本帝国主义之间的矛盾，也就是说，民族矛盾已经上升为主要矛盾，现在中国革命的对象、任务已经发生根本性变化。所以，每一个中国人应该以民族和国家的利益为重，应该紧密团结起来，共同对付日本帝国主义。

李达的讲述由浅入深，言简意赅，冯玉祥听得特别认真。他对李达恭恭敬敬，坐在凳子上听课时，把腰杆挺得笔直，双手放在膝上，如同小学生一般。有时记笔记还记得满头大汗，当他的笔记跟不上讲课时，他就请李达喝茶停讲，自己则一边回忆一边记。

冯玉祥在书房学习

李达每次讲课大都还有人旁听，后来成为新中国卫生部部长的冯夫人李德全也经常在座。到泰山探望冯玉祥的高级将领、文职幕僚等，不管爱听不爱听，有时也被冯玉祥拉来听课。

李达按照党组织指示到泰山为冯玉祥讲学，不仅仅是讲课本知识和宣传马克思主义，而且更重要的是宣传中国共产党的抗日主张，说服冯玉祥站出来反对蒋介石的不抵抗政策，拥护中国共产党提出的抗日政策和主张。

李达两个多月的讲学，对冯玉祥后来政治立场和政治观点的转变有着重要的影响。冯玉祥书写了 17 个刚劲有力的正楷大字——"若不信辩证的唯物论则我民族不能复兴"，并找专人刻在一块石碑上，矗立在泰山普照寺上端的密林深处。

后来，冯玉祥在《我的读书生活》一书中回忆道："李先生为我讲授列宁主义，他讲得非常好……有这样的专家、学者来为我讲授世界上最先进的理论，这真是过去做梦也没有想到的……我所读的书，不是一般骚人雅士读来开心的书，而是救国救世界的革命理论，而是 20 世纪最进步的思想学术，而是历史上的宝贵教训——这些书可以使我认识过去、现在，知将来，可以使我不错走道路，可以使我的意志更加坚定，使我时时刻刻前进。李达先生，不仅知识渊博，而且讲课态度诚恳，为人谦逊，是一位真正的为真理而奋斗的战士！"

1933 年 5 月，李达受北平地下党组织委托，到张家口第二次给冯玉祥讲学。名义上是讲辩证逻辑，实际上是去说服冯玉祥联共抗日。李达帮助冯玉祥与我党组织取得联系，在中国共产党的推动下，冯玉祥树起了察哈尔抗日同盟军的旗帜。

1934 年 4 月 20 日，由中国共产党通过中华民族武装自卫委员会筹备会提出，宋庆龄、何香凝、李杜等

通过李达的讲课，冯玉祥亲笔书写的"若不信辩证的唯物论则我民族不能复兴"的碑文

1779 人签名，发表了《中国人民对日作战的基本纲领》。李达是 10 名领衔签名者之一。这个"基本纲领"是中共抗日救国的"六大纲领"之一，它指出，中国人民只有自己起来救自己，中国人民唯一自救和救国的方法，就是大家起来武装驱逐日本帝国主义，就是中华民族武装自卫，换言之，就是中国人民自动对日作战。就是立即实行"全体海陆空军总动员""全体人民总动员""全体人民总武装""立即停止一切内战、立即停止屠杀中国同胞的战争"。

《中国人民对日作战的基本纲领》

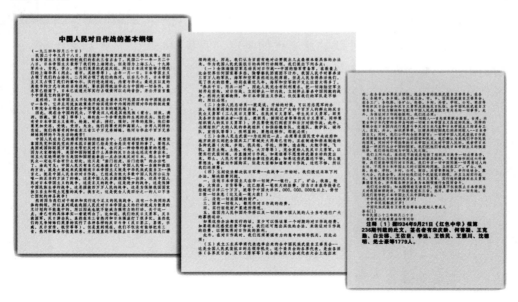

# 十七、毛泽东四次批注《辩证法唯物论教程》

李达通晓日、英、德、俄四种外语，20 世纪 20 年
代末至 30 年代中期，李达亲自或与人合译出 13 本经典 | 李达在书房写作

李达部分翻译著作

李达部分翻译著作

著作和马列理论书籍。其中包括马克思的《政治经济学批判》、河上肇的《马克思主义经济学基础理论》《辩证法唯物论教程》等。

这13种译著的出版，为中国广大人民群众学习马克思主义特别是学习唯物辩证法，认识中国革命提供了条件。在20世纪30年代我国兴起的唯物辩证法运动中，他的"成绩最佳，影响最大"。他在中国现代思想史上的"功绩不能忘记"。

《辩证法唯物论教程》原著出版于1931年，是苏联西洛可夫、爱森堡等6人合写的著作。该书吸纳了苏联哲学界批判德波林派所取得的积极成果，突出了列宁哲学在马克思主义哲学发展史上的重要地位，代表了当时

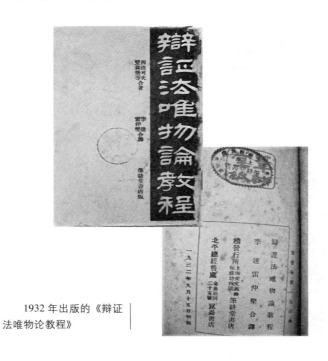

1932年出版的《辩证法唯物论教程》

苏联马克思主义哲学研究的最新进展。李达与雷仲坚根据日译本译成中文本。李达翻译了全书的2/3，并且负责全书的校对和统稿。中译本1932年9月由上海笔耕堂书店出版。

李达选择翻译出版这一著作，主要目的是为了开阔中国马克思主义哲学研究者的眼界，丰富和深化人们对于马克思主义哲学的理解。该书是我国20世纪30年代所译苏联哲学名著的第一部，是在我国传播马克思主义哲学影响深远的教材之一，它不仅影响了译者李达本人（这集中反映在他随后的《社会学大纲》一书中），还影响了艾思奇等一批马克思主义哲学家（表现在他们对于马克思主义哲学的理论研究和通俗宣传上）；它不仅影响许多青年走上革命的道路，而且影响了中国马克思主义哲学的风貌，也影响了毛泽东哲学思想的形成。

《辩证法唯物论教程》按照量变质变、对立统一、否定之否定的逻辑次序，系统地阐述了唯物辩证法的"根本法则"即基本规律。它在阐述量变质变法则时提出了部分质变或阶级性质变的新思想；在阐述对立统一法则时说明了两种发展观，提出了"主要矛盾"和"矛盾之主导的方面"即矛盾的主要方面的概念；在阐述否定之否定法则时则认为这个法则是对立统一法则的"具体化"。

该书阐述了马克思主义哲学的创立和发展，提出和论证了马克思主义哲学的列宁阶段。阐述了当作认识论看的辩证法，阐述了感性认识与理性认识的两个阶段，

批判了经验论和唯理论的错误，说明了实践在认识中的作用。

毛泽东是在红军长征到达陕北后读这本书的，他读的是 1935 年 6 月的第三版和 1936 年 12 月的第四版。1936 年 8 月 14 日，他在致易礼容的信中说："我读了李之译著，甚表同情，有便乞为致意，能建立友谊通信联系更好。"信中所指译著，即李达、雷仲坚合译的《辩证法唯物论教程》。

毛泽东读这本书十分用功，这从他所作的大量批注中可以看出。1936 年 11 月至 1937 年 4 月半年内，毛

毛泽东读西洛可夫、爱森堡等著《辩证法唯物论教程》一书时所作的批注

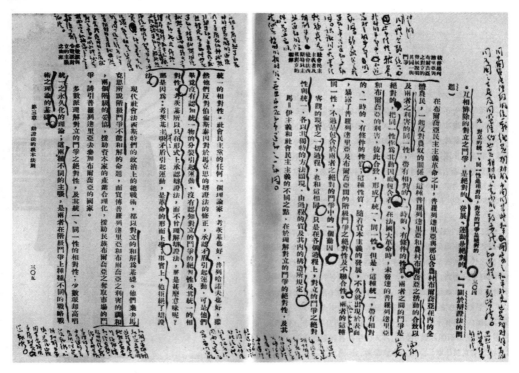

泽东对这本书的部分章节批注了 4 遍。第一、二遍是用
黑铅笔批注的，第三遍是用红蓝铅笔批注的，第四遍
是用毛笔批注的。第一次铅笔批划，每页都有，最后
一次用毛笔批划，文字较多。在《辩证法唯物论教程》
（第三版）中，毛泽东的批语有 1.2 万字左右，其中最
长的一条批语有 1200 字左右。在这本书的末页背面上
端用毛笔写了两行字。第一行是"1936.11"；第二行是
"1937.4.4"。说明他经过多次研读。

据郭化若回忆：西安事变后，他在毛泽东办公室
内，曾看到桌上放着一本《辩证法唯物论教程》，翻开
一看，开头和其他空白处都有墨笔小字和旁批。这些旁
批后来发展成为毛泽东的重要著作《实践论》。

毛泽东的批注，可分为文字批语和读书符号两大
类。批语中有对原文内容的复述、提要归纳、概括和发
挥。批语中较多的是他联系中国革命实际写下的学习
心得和研究成果。他在批注中说：第五次反"围剿"失
败，敌人的强大是原因，但当时的军事冒险政策是主要
原因，机会主义是革命失败的主要原因。外的力量需通
过内的规律性(机会主义等) 才能曲折间接地发生影响。
中央苏区、鄂豫皖苏区被破坏，主要是内的原因。毛泽
东结合"矛盾的主导方面"这一概念的学习，分析中国
抗战形势写下了如下批注："在中日对抗的局面中，中
国的因素正在由次要地位向主要地位转变中，因为民族
统一战线如果广大地与坚固地建立起来，加上国际的因
素（苏联、日本民众、其他和平国家），就有造成优于

日本方面之势。"又如他写了"中国的主观主义者""中国的教条主义者""延安的形式主义者"等批注批评党内"左"、右倾机会主义者，说他们一般是脱离个别（脱离实际）的，他们带有形式主义性质等等。毛泽东对《辩证法唯物论教程》一书中的许多观点加以引用、发挥，写下的文字达7000多字，超过全书批注的一半。从这部分批注人们可以看出，毛泽东的一些理论观点，既源于苏联哲学教科书，又高于和深于教科书。

毛泽东在批读的《辩证法唯物论教程》（第四版）上，也留下许多批注笔迹。从批注的内容分析，如其中提到"三三制""三月参政会"等看，读第四版的《辩证法唯物论教程》当在1941年3月以后。他对该书第四版似是重点批读。全书批注约1200字，在第一章"唯物论与唯心论"、第四章"本质与现象、形式与内容"，以及第五章"可能性与现实性、偶然性与必然性"内，毛泽东用笔不多。大部分写在第六章即最后一章"唯物辩证与形式论理学"内，约有900字，占全书批注的三分之二。

# 十八、毛泽东读了十遍《社会学大纲》

　　李达的《社会学大纲》是一部47万字的马克思主义哲学专著，1935年北平大学法商学院作为讲义首次印刷，补充修改后，1937年由上海笔耕堂书店出版。李达在扉页上满怀激情地题写了"献给英勇的抗日战士"9个大字，又在四版序言上说明了撰写此书的目的："中国社会已经踏入了伟大的飞跃的年代，我无数同胞都正在壮烈地牺牲着，英勇地斗争着，用自己的血肉，推动这个大时代的飞跃，创造着这个大时代的历史……可是，战士们为要有效地进行斗争的工作，完成民族解放的大业，就必须用科学的宇宙观和历史观，把精神武装起来，用科学的方法去认识新生的社会现象，去解决实践中所遇到的新问题，借以指导我们的实践。这一部《社会学大纲》是能够帮助我们建立科学的宇宙观和历史观，并锻炼知识的和行动的方法的。因此，我特把这本书推荐于战士们之前。"

　　这部书是当时第一次以教科书形式公开出版的一部马克思主义哲学研究巨著。在国民党统治区内刊行这样

李达是马克思主义理论界的泰斗，他一生著述丰富，写下了数百万字的马克思主义研究专著，给中国人民留下了极可贵的精神财富。图为李达的部分著作

1937 年 5 月，上海笔耕堂书店出版的《社会学大纲》

一部著作，是一件非常了不起的事情。为了对付国民党书报检察机关的检查，李达在书中机智地使用了"奴隶的语言"，比如称马克思为卡尔、列宁为伊里奇、无产阶级为普列达里亚、资产阶级为布尔乔亚、把资本主义社会写成现代社会、把剥削写成榨取、把专政写成迪克维多，书名题为《社会学大纲》，是因为当时国民党统治区学术界盛行从欧美引进社会学。

在这些技术处理的掩护下，李达在《社会学大纲》中完整、系统地论述了马克思主义哲学——辩证唯物主义和历史唯物主义的基本原理，完全是历史唯物论的社会理论，也可以说是辩证唯物论的历史学说。李达在正面阐述马克思主义哲学的基础上，对其他哲学流派和相互界限也阐述得很清楚。在正面论述马克思主义哲学的同时，对唯心主义和形而上学的观点进行了批判。书中材料比较充实，能对具体问题做具体分析，吸收了当时自然科学研究的一些成果，大量运用哲学史方面的资料，通俗易懂，有利于青年的学习。《社会学大纲》对当时的青年认清中国社会，走革命道路，是起过一定作用的。

毛泽东在延安收到李达寄去的《社会学大纲》后，非常高兴，他说，这是"中国人自己写的第一本马克思主义哲学教科书"。他把《社会学大纲》读了 10 遍，并在自己的《读书日记》中记载了阅读此书的进度，在书上作了许多批注。

曾在延安中央书记图书资料室工作、保存过毛泽东所批注的图书资料的王子野回忆说："经毛主席批注过

毛泽东在延安 ｜

毛泽东读李达所著
《社会学大纲》一书时所
作的批注

的书很多，书名记不清了。但是李达同志的《社会学大纲》画线最多，批得最详细，至今记忆犹新。可惜这些批注的版本在战争年代都已散失，要能找到多好呀！"

毛泽东还向抗大和延安哲学会推荐此书，指出这是本好书，在十年内战时期能有这样一部书问世是非常难得的。在一次小型的干部会议上，毛泽东说："李达同志给我寄了一本《社会学大纲》，我已经看了 10 遍。我写信让他再寄 10 本来，让你们也可以看看。"在给李达的信中，毛泽东还称赞李达是"真正的人"，要李达把此书再寄一些到延安去。

1948 年香港生活书店出版的《新社会学大纲》

在中共六届六中全会上，毛泽东又号召党的高级干部学习此书。刘少奇在一次谈到学习问题时，也称赞李达的《社会学大纲》是一本好书，要干部认真学习。

1939 年，艾思奇编辑出版《哲学选辑》时收录了

1939 年，艾思奇编辑出版《哲学选辑》时收录了《社会学大纲》的"唯物辩证法的诸法则"一章

此书的"唯物辩证法的诸法则"一章。1948年全国解放前夕，新华书店根据毛泽东的意见重版了此书。

理论界普遍认为，《社会学大纲》是李达在20世纪30年代研究马克思主义哲学最重要的理论成果，是李达成为著名马克思主义哲学家的显著标志。这本书对于人民学习马克思主义、掌握革命的理论与方法，有重要的作用。

1949年9月，新华书店翻印出版的《社会学大纲》中《唯物辩证法》《历史唯物论序说》《社会的经济构造》《社会的政治建筑》等一至四篇

# 十九、毛泽东准备读十遍《经济学大纲》

　　在我国早期的马克思主义理论家中，宣传和研究马克思主义哲学和科学社会主义学说的较多，而对经济

李达在书房写作

1935 年北平大学法商学院印行的《经济学大纲》

郭化若(1904—1995),又名郭俊英,福建福州人。在延安时任中央党校军事教育处处长、延安炮兵学校校长,曾在毛泽东身边工作过。著有《军事辩证法之一斑》等

学的研究往往重视不够,李达是少数涉足经济学领域并取得丰富研究成果的马克思主义理论家之一,他的《经济学大纲》和《货币学概论》就是在这方面的代表作品。

1932 年,李达到达北平,任北平大学法商学院经济系主任,讲授经济学。《经济学大纲》就是他讲课时编撰的讲义,李达原计划写四部分,最后只完成了两部分,即"原始社会、古代社会和封建社会的经济形态"和"资本主义的经济形态"。在书的第一部分,作者运用马克思主义唯物史观和政治经济学的原理,剖析原始社会、奴隶社会和封建社会的社会经济构造。在第二部分,作者严谨地依据马克思《资本论》前三卷和列宁《帝国主义是资本主义的最高阶段》的体系,对资本主义经济形态进行了科学的分析。

直到 1936 年,我国才出版了《资本论》第一卷的全译本,其他卷次的出版更在其后,因此可以说,《经济学大纲》是我国马克思主义学者全面系统阐述《资本论》原理的最早著作。尽管沈志远著《新经济学大纲》早于 1934 年出版,但在体系的全面性和对《资本论》理论体系与原理的理解方面,是不及李达著的《经济学大纲》的。

1935 年,《经济学大纲》由北平大学法商

学院印行，但一直没有公开出版。李达同样将此书寄给延安的毛泽东。毛泽东同在他身边工作的郭化若谈到《社会学大纲》时说："李达同志寄给我一本《经济学大纲》，我已读了三遍半，也准备读它10遍。"

1948年1月，上海生活书店将该书的"绪论"和第一部分以《先资本主义的社会经济形态论》的书名出版发行。20世纪80年代，编辑《李达文集》时，收入文集第3卷，1985年9月，武汉大学出版社出版了该书的单行本。

1985年武汉大学出版社出版的《经济学大纲》

针对当时经济学研究范围狭窄的状况，《经济学大纲》提出了广义经济学的概念。广义经济学把历史上各种经济构造的发生、发展与没落及其互相转变的法则作为研究的对象，它不仅研究前资本主义经济形态、资本主义经济形态和社会主义经济形态，而且还研究中国现代经济。对于构建广义经济学的理由，李达说：

因为广义经济学，并不仅是为了求得经济学的知识才去研究一切经济构造，而实在是为了求得社会的实践的指导原理才去研究它们。即是说，我们不是为理论而理论，为科学而科学，而是为了经济上的实践才研究经济学。

这段话还表明，李达研究经济学的目的性即是"为了经济上的实践""为了求得社会的实践的指导原理"。

他指出，研究先资本主义经济形态，可以帮助我们"认识资本主义的经济形态"，理解先资本主义形态"如何被改造，被推进于社会主义的过程"。面对现代中国经济的研究更具重大意义，因为"只有这样的研究，才能理解经济进化的一般原理在具体的中国经济状况中所显现的特殊的姿态、特殊的特征，才能得到具体的经济理论，才能知道中国经济的来踪和去迹"。

李达明确提出："经济学的对象，是社会构成过程中的生产关系的总体，即社会的经济构造。"那么，社会的经济构造的内涵是什么呢？李达认为"生产力与生产关系的统一，即适应于生产力的各种发展阶段的生产关系之总体，就是社会的经济构造"。正因为如此，李达指出，经济学"不但研究生产关系，并且研究生产力发展的社会形式"。李达的这个观点，对中国以后的经济学研究是有启发意义的。

20世纪50年代末，平心提出，政治经济学不仅要研究生产关系，而且要研究生产力。张闻天则在60年代末指出："政治经济学研究的生产关系，不是脱离生产力而单纯地研究生产关系，而是要研究生产关系中生产力和生产关系的内在矛盾，即两者的对立统一关系。"20世纪70年代末，熊映梧更明确地提出"政治经济学要把生产力的研究放在首位"。分析这些观点，不难看出李达在20世纪30年代经济学观点的深远影响。

# 二十、为父八十大寿代笔"自序"

1936 年，正是"五月榴花照眼明"的艳阳天，洞庭湖畔惠风和畅，稻苗苗壮，绿浪滚滚。李达风尘仆仆走在回家的路上，他专为父亲 80 大寿回家拜寿。

李辅仁先生八十大寿

李达来到村口，顿感一股热烈的气氛在四周荡漾。在家门口，红色的寿幛挽结在门楣之上，门框两边贴有一副寿联，上联是：坐看溪云渭水一竿试闲钓；下联是：笑扶鸠杖武陵千桃看行舟。一看这口气，这笔迹，李达知道这是他的堂舅、恩师胡燮卿老先生的得意之作。

李达刚出现在家门之首，厅堂上满座的亲朋嘉宾一齐涌了上来，迎接远道来归的潇湘赤子、族中骄子与家中孝子，无不热泪盈眶，问长道短，一时不知从何说起。

　　李达的父亲李公辅仁老先生更是喜出望外，老泪纵横，他牵着儿子的手，径直带他拜见长辈，一一叙礼而行，表示敬老尊贤的深情厚谊。

　　李达随兄弟姐妹们拜倒在老父面前，久久不敢起立，后在父亲再三促令之下才敢站起身来。李达作为孝子代表仰面向众宾客答谢："永锡不才，有负乡贤企望，如今突然归来，未能光宗耀祖，亦未能造福乡梓。深感惭愧，还望众位乡邻戚友谅察。适才高朋雅意，芳邻重礼，令我感动肺腑，在此，我代表家父深表谢忱。"

　　李达致完祝辞，将8张寿屏捧上，挂在厅堂上壁，熠熠生辉。李达的这篇寿文是以父亲代笔的第一人称写的，请好友陆和九书丹，悬挂于祖屋中堂，读来甚为亲切。其云：

　　曩予年登古稀，戚友公制屏章为寿，转瞬十年，老夫耄矣。丁兹时会，岂宜复戚友，届期当榜门谢客，为儿孙勉举一樽也。予生于前清咸丰七年丁巳，少贫，家无立锥地，为乃父代笔"自序"。

　　幸赖先伯光明公之力，得从名儒王绶先生习举业，然小试辄不售，弱冠未能掇一芹。甲戌岁大旱，人民艰食，伯家中落。仰事俯蓄，彷徨无计，予乃弃其所学，改课农桑，偕先配胡氏，田家作苦，克俭克勤，家始少有，儿曹亦踵出，其得以育成者，有荣、盛、锡、吉、瑜五人，爰本既庶斯教之义，遣令就学，比其长也。因其性习，使各择一业以自给。惟悲夫胡氏于庚戌岁以五十四岁龄而先逝，未见及诸子之成立耳。迨继配唐氏来归，家计已裕矣。予素性淡泊、无声色货利、饮酒博弈之好，居恒手一卷，自随经史子集，以迄时务家言，无不浏览，所以适吾性，益吾智也。律己甚严，每念不欺暗室，族党交游，悉准于情，而酌于义，凡济困扶危利众诸事，罔不竭心力以促其成。乡绅以公务相免，则持平以处之。里人以纠纷相告，则苦口以解之，是皆分所当为，非以市惠，生平未尝一入公门，亦愿人之如我也。今儿辈皆克自树立，有恒产，斯有恒心，故尚能循规蹈矩，私衷身慰。三子鹤鸣，学而能成其名，教授于大学，垂二十年，著述盈箧，桃李满天下，而自持不阿，绝意仕进，学者立身行世，固当如是，报国之道岂止一端哉！世变日亟，民生凋敝，百业萧条。就农而言，昔也斗米百钱，布衣一袭，亦仅二百，夫有余粟，女有余布。今农耕而妇不能织，日用之需，均仰给予洋货，物力维艰，徭役赋税，数倍于他日，业此者，往往不能得一饱；就工言，昔所入，能赡一家，今儿不能糊一口；就士言，求学之难，易大相径庭，农家子入大学者，不数观。生今之世，为今之人，诚大不易，要在持以勤俭，济以忍让，去浮嚣之习，汰骄奢之风，自食其力，不依傍于他人。庶无忝于所生，邀天之幸，孙曾辈出，眼观四代，年至八旬，日策杖履优游于山野间，与亲知父老同话田家故事，语笑于稚子群牛，晚景诚足以自娱矣。去冬不幸，二子永盛丧于痨疾，卒年五十，予哭之恸，左目失明，自悟老之将至也。倘天能愍遗，当

益存心养性，修身以候之。兹仿古人自序之例，综我生平，书此以自证，并示儿孙焉。

中华民国二十五年五月一日

　　这篇为父代笔的《自序》，内容丰富，极富文采。既烘托出一位耄耋老人自叙脱贫致富、五子自立、儿孙绕膝、农家晚景之欢悦，又表现出一位社会贤达淡泊养志、以书为乐、达观世事、享誉桑梓之人生。同时也是李达自己的"言志"之作，爱国爱民、感时伤世的衷肠溢于言表。

李达为父亲李辅仁先生八十大寿所代写的《自序》寿屏（现存李达故居）

# 二十一、颠沛流离中的离异与再婚

1939 年 1 月，李达只身到达重庆。他在冯玉祥处主持研究室，为冯玉祥及其研究室人员讲授辩证逻辑，又代邀黄松龄、邓初民讲授经济学和政治学。

七八月间，有火炉之称的重庆酷热难熬，李达身穿背心，甚至打赤膊，一丝不苟，认真备课。李达还和在冯玉祥身边工作的地下党员赖亚力等人一道继续做冯玉祥的统战工作。在重庆期间，李达还与周恩来、董必武以及八路军驻重庆办事处的一些人员保持联系。

中年时的李达

1939 年夏，毛泽东从延安给李达寄来一信，称赞他是"真正的人"，欢迎他到延安去。有一天，吕振羽去看望李达并问他是否愿意去延安，告诉他是周恩来带话来问的，问他去不去？李达说，去延安，只要有碗饭吃，我都愿去。不

料，周恩来出国治病了，董必武也不在重庆，主持南方局工作的一位负责同志竟把李达的话误认为是"干革命还要讲条件"，表示不欢迎，于是，去延安之事只好作罢。

这时正值平江惨案之后，第一次反共高潮前夕。李达对学生吕振羽说："不管形势如何变化，环境怎样恶劣，我这个'老寡妇'是决不失节的。"后来，周恩来得知此事非常惋惜，并很生气地说："干革命难道不吃饭吗？李达这句话的意思就是无条件地愿意去延安嘛！"

1939年9月，李达离开重庆，途经贵州，回到了王会悟带着子女住的贵阳花溪家里。他在家里无所事事，坐立不安，度日如年。一天，收到了在广西大学任校长的白鹏飞的信，请他到广西大学教书。李达非常高兴，决定马上起程去广西。

年初赴渝前，年方17岁的长女心田急病死于贵阳，李达夫妇非常悲痛。此时，王会悟还没有从痛苦中走出，她感到心力交瘁，坚决反对李达去广西，说你要去你就去，我带着心怡他们在贵阳自谋生活。

李达说："你不去成何体统？"王会悟说："请你尊重我这次的选择吧，这些年，你时而这里教书，时

"小数点"心田 |

而那里讲学，我跟着你东奔西跑，居无定所，吃的苦受的罪还少吗？就说前年（1937 年），你回家乡探望病重的父亲，不久七七事变爆发，北京沦陷，日本宪兵和巡警在便衣的带领下来抓你，结果害我替你顶罪，被打得牙齿出血，还被抓了去，后经地下党和友人的保释才得以释放。我带着心儿他们坐船离开青岛，再坐火车，一路走走停停，经徐州、郑州、汉口到长沙，最后才回到家乡零陵，吃的苦受的累你知道吗？"

李达说："我理解，我到处讲学还不是为了宣传马克思主义，让更多人起来跟共产党闹革命，早日推翻三座大山，建立新中国，让劳苦大众过上美满幸福的生活。"

王会悟说："这个我理解，支持，你去桂林就去吧。我不阻拦你，但你也不要逼着我带着心儿他们跟着你去。"

夫妻俩你一言我一语地争吵起来，彼此都不肯让步。李达性格倔强，在家里还表现出大男子主义的封建意味。王会悟是塾家闺秀，江浙才女，知书达理，年轻漂亮，有自己的鲜明个性和江浙人的生活习惯。夫妻俩相依相伴近 20 年的时间里，为家庭生活琐事没有少争吵过，这次争吵得更加不可开交，公说公有理，婆说理也强。

气头上王会悟说出：你走你的阳关道，我过我的独木桥。李达听后暴跳如雷，说那好，以后咱们就井水不犯河水。吵后一别，两人从此便分手了。

在桂林摆摊卖杂货的
李达（陈光辉绘制）

　　李达独自一人南下桂林，但因白鹏飞校长已被撤职，李达教不了书，只好暂时客居桂林，身上带的钱就要用完了，他决心自谋生计，便将身上所剩的一点钱，在七星岩前摆摊卖杂货，每天挣的钱勉强可以维持生活。

　　这年初冬，周恩来电嘱八路军驻桂林办事处副主任曹瑛（石磊）给李达经济上一些接济。曹瑛几经周折，终于在七星岩前找到了李达，掏出钱来给他，李达坚持不要。曹瑛就请他到办事处给大家讲课，算是预付讲课费，李达这才接受。后来，他多次应邀去办事处讲授唯物辩证法。

　　1940年春，李达回到了故乡零陵。他失业在家，

桂林八路军办事处

桂林八路军办事处内景 │

桂林八路军办事处后院 │

身体不适，心情又烦躁，生活上无人照顾，便与本乡女子石曼华结为伴侣。其时，李达刚好"知天命"之年，石曼华20岁。她为农家女子，勤劳朴素，十分体贴李达，自此，她与李达相伴终生。

| 石曼华

# 二十二、黎明前为湖南和平解放效力

1947 年 2 月，在零陵乡下滞留多年的李达带着妻子石曼华到达长沙。他本想赴上海或北平，但友人卢爱知将他介绍给湖南大学法学院院长李祖荫，李祖荫本是李达老乡，又是仿照蔡元培"兼容并包"方针办学的开明人士。他以"学术自由"为据向湖南大学校长和省教育当局陈情，要求聘请李达为法学院教授。李达得以第二次到湖南大学任教。

学校当局害怕他利用大学讲坛宣传马克思主义，强令他不准讲授其最叫座的社会学和经济学，只能讲授他不熟悉的法理学。李达义正词严地说："要我不宣传马克思主义，办不到！"在法理学讲授中，他仍坚持用马克思主义观念阐明法律现象。

李祖荫（1899—1963），字麋寿，湖南祁阳人

国立湖南大学法律系
民三七级全体毕业同学与
师长留影

　　李达夜以继日而又艰难地撰述法理学讲义。他要克服资料上的困难；他要斟字酌句，甚至不得不使用列宁所说的"奴隶的语言"，以躲过当局的书刊检查；他要忍受着胃溃疡和坐板疮的痛苦；他还要苦熬长沙的盛夏酷暑。有时天气酷热，因生坐板疮不能落座，他就用两个条凳架起一根扁担支撑臀部坚持写作。他不舍昼夜地笔耕，绞尽脑汁地苦思，在 1947 年暑期，终于写成了《法理学大纲》。

　　《法理学大纲》1947 年由湖南大学分上、下两册石印，但一直未能公开出版。李达去世以后，人们从他的遗稿中发现了这份讲义，可惜只剩下一部分。残剩的部分 1983 年由法律出版社公开出版，著名法学家韩德培为该书写了序言。他认为，李达"是我国少有的马克思

湖南大学石印的《法理学大纲》

湖南大学零陵县同乡欢送毕业学友留影

主义法学家"。《法理学大纲》"在今天看来，仍然是我国法学战线上的一份珍贵遗产"，从中可以看出李达"是力图运用马克思主义的观点为我国的法学研究开辟一条新的路子"。"他是我国最早用马克思主义研究法学的一位拓荒者和带路人"。

李达在湖南大学任教，国民党特务机关通过学校当局对他规定"三不准"：不准参加政治活动，不准发表讲演，不准在家里接待学生。并把他列入黑名单的第一名，作为随时可以逮捕的对象。但李达仍然积极支持进步师生的革命行动。1947年5月，他在"反饥饿、反迫害、反内战""反征兵、

反征粮、反征税""反保送（反对教育部保送青年军人入学）"等运动中，表现态度坚决。李达对来访的进步学生公开表态："国民党反动派不垮台，人民就要遭殃！"在一次湖南大学举行的座谈会上，他作了题为《中国非改革不可》的长篇发言，受到与会者的热烈赞成和欢迎。

1948 年，解放战争的形势越来越有利于中国共产党领导的革命者，湖南长沙的形势也酝酿着变化，主政湖南的程潜和陈明仁已有投向革命的意向。为争取程潜等人和平起义，中共湖南省工委专门成立了以余志宏为组长、涂畋西为副组长的军政策反小组，专做程潜和陈明仁的工作。省工委认为李达与程潜身边的高级顾问、省府参议方叔章认识早，私交较深，想委托李达出面做方叔章的工作，再通过方叔章去影响程潜。

程潜（1882—1968），字颂云，生于湖南醴陵官庄。清末秀才，同盟会会员。1949 年 8 月，在长沙宣布起义。中华人民共和国成立后，任中央人民政府委员，全国人民代表大会常务委员会副委员长、国防委员会副主席，湖南省省长、中国国民党革命委员会副主席

1948 年 10 月的一天，湖南省工委要余志宏以组织的名义找李达商量如何做程潜的工作。李达听明白余志宏的来意后，就说："志宏，你难道不知道蒋介石冠我以'著名共首'吗？为党做工作是我责无旁贷的事。只要省工委需要，我一定尽自己最大的努力为人民求得和平，也是我最大的心愿。"

11 月 19 日，由余志宏出面，请李达、方叔章等著名人士在湖南大学附近的桃子湖方叔章家吃饭。李达和方叔章唱主角，另外有在程潜身边的人，如湖南省保安

新中国成立初期的长沙

副司令肖作霖、省政府秘书长邓介松、程潜的族弟程星龄，以及民盟地下组织的负责人肖敏颂和湖南大学知名教授伍景农等。

客人一入座，大家就围绕"国民党败局已定的形势下，湖南怎么办？程潜怎么办？"这一主题展开讨论。开始，大家有所顾虑，不敢多谈，后来越谈越起劲，从当时的形势到湖南的地位，从中共的政策到湖南应向何处去，大家敞开了心思谈打算、讲看法，拉近了他们与中共的距离。

邓介松试探性地直接向李达发问："鹤鸣兄，在当前的情况下，我们湖南究竟如何办才好？程颂公究竟该如何迈出这关键的一步呢？"

李达知道他们还有顾虑，便直率地回答："依我看，这内战是的确打不得了。如今是'国破山河在，城春草木深'，老百姓再也不能忍受战争的伤害了，迫切需要和平。但如果国民党一定要打，我想，共产党也只好打下去。其实打下去对国民党也并没有什么好处，打就只有灭亡得更快更彻底，在座的诸位都知道，颂云先生是国民党的元老，是一向追随孙中山先生的，孙中山先生生前就已深知只有和共产党合作，中国革命才有希望，他最后也是这样做的。事实也证明了他从实践中得来的真知灼见。以颂云先生的亲身经历，当然应该有更深切的体会。"

说到这里，程潜的族弟、时任省物资调节委员会主任的程星龄站起来说："吾兄曾多次和我谈起今后他自己和湖南的命运问题，并说在这紧要关头，他会为湖南的父老乡亲着想的。"

李达接过程星龄的话说："是啊，我在许多场合都听颂公说过自己是湖南 3000 万人民的家长，既然是家长就要保家，保家就应当识时务，中共是会欢迎对人民做好事的人的。再说，颂云先生也应该从三湘人民的疾苦出发，为湖南人民着想，坚持和平。现在，他老蒋已经管不着湖南了，只有白崇禧这一点残余的武力，可能还要同共产党较量一下。今后的问题是集中对付桂系，这一点要早做准备。总之，湖南的解放就在旦夕，程颂公应善于自处。"

李达的这一番有理有据的分析，说得在座的人点头称是，心里的困惑也化解了。最后，大家在谈到如何尽快促使程潜转变思想、加快湖南解放的进程的问题时，李达说："我有一点建议，要彻底做好颂公的工作，除了我们诸位的共同努力外，是不是立即派人去上海，把颂公的长子程博洪请到长沙，帮助我们做颂公的工作。因为他们父子俩更好说话。我了解程博洪，他一贯倾向

共产党，在上海就办过进步刊物《时与文》，后来自动停刊，其原因就是顾虑到他父亲的进退和处境。现在，他正在复旦大学教书，叫他回来，是可以帮助我们说服他父亲，解除其思想疑虑的。"

对于李达的这一提议，方叔章、肖作霖、邓介松、程星龄等人都表示赞同。后来，作为这次座谈会的主要参加者之一的肖作霖曾回忆说："这次座谈使大家都感到愉快，尤其是李达的一席话，说服力很强，对我们的影响很深。"

这就是有名的岳麓山"桃子湖会议"。会后，肖作霖等立即向程潜作了汇报。程潜对李达的话深以为然，并频频点头表示赞赏。说："鹤鸣说得很对，从目前情况来看，除了这条路，的确再没有别的路可走了。你们告诉李达，就说我程潜接受他的建议，走和平起义的道路。同时，还要与他保持密切的联系，随时与那边联络。"

李达又通过湖南民国日报社社长欧阳敏讷做程潜起义的工作。

1948 年 11 月，李达因胃穿孔住进湘雅医院。他派人找到欧阳敏讷，压低声音说："今天请你来，有两件事要同你谈。"他说："程星龄找过我两次，要我做程潜的代表，到石家庄去见毛主席。我怎么能做程潜的代表？有些话对他不好说，今天找你来，想请你向程潜传一下话。"

李达接着说："我有三点意见。"欧阳敏讷问："可以记下吗?"他说:"不能记。我慢慢讲,你注意听,心里记得大意,传话不错就行。"

李达所说的大意是:第一,要保护地下党员和进步人士的安全;第二,要保护工厂、学校、商店、交通不受破坏;第三,要维护社会秩序,机关工作照常进行。"只要程潜做到了这三点,如果我到了石家庄,一定同毛主席讲。"他要欧阳敏讷当晚就转告程潜。

不久,程潜把自己在上海教书的长子程博洪接到长沙,做好和平起义的准备。

桃子湖座谈会后,李达要余志宏把情况向省工委书记周里作了汇报。省工委一边通过其他渠道扫除和平起义的障碍,一边通过李达向方叔章转达了党对程潜的要求。程潜一一照办了,如撤换卫队团的特务团长,把刽子手蒋伏生的警备司令部迁到衡阳,不许捕杀革命群众,等等。

1949 年初,李达因病再次入住湘雅医院,程博洪和方叔章前去看望李达时,说程潜已下定了和平起义的决心,但又对元旦中共新华社播送的战犯名单有顾虑,怕共产党日后算他的旧账。李达听后说:"叔章兄,博洪老弟,可以告诉你们家老爷子,只要决心走和平的道路,新政府不但不把他当作战犯看待,而且会请他担任重要职务。"李达的话使程潜吃了定心丸。不久,程潜就托方叔章向李达表示:"只要共产党不把我当做战犯,予愿已足。"

从 1949 年 2 月开始,程潜下决心起义,在行动上

有了许多表示，使我党加快了湖南和平起义的准备工作。4月，程潜知道特务分子要对李达下手的消息后，立即要方叔章转告李达，并打算把李达送到乡下去避一避。

此时湖南省工委又要李达北上向毛泽东、党中央汇报湖南和平起义的准备情况。程潜听说李达要北上，很高兴，立即馈赠旅费500块大洋，并要李达向毛泽东和中共中央转达他投向中共的决心。5月，李达安全抵达北平后，及时向党中央和毛泽东作了汇报。毛泽东听后很高兴，立即电令中国人民解放军第四野战军陈兵湘鄂边界，并派代表进入湖南与程潜接头，从而加速了湖南和平解放的进程。1949年8月4日，程潜和陈明仁联

1949年8月5日晚10时许，中国人民解放军第四野战军第二兵团的先头部队渡过浏阳河，从小吴门开进长沙城，解放军举行庄严而盛大的入城式，宣告长沙解放

行进在长沙城内的解放军，长沙十万群众夹道欢迎

1949 年 8 月 6 日，《人民日报》关于程潜、陈明仁率部起义，华中我军解放长沙的报道

合发表了湖南和平起义通电。

　　1949 年 8 月 5 日晚 10 时许，中国人民解放军第四野战军第二兵团的先头部队渡过浏阳河，从小吴门开进长沙城，解放军举行庄严而盛大的入城式，宣告长沙解放。

# 二十三、在毛泽东的木板床上睡了一晚

    1948 年初，毛泽东曾 3 次电示华南局护送李达去解放区，后又通过党的地下交通带信给在湖大任教的李达。这封信写得很巧妙："吾兄系本公司发起人之一，现公司生意兴隆，望速前来参与经营。"

    李达收到党中央和毛泽东的密信后，高兴得彻夜未眠，恨不得插上翅膀，马上飞到解放区。可是他患有严重的胃溃疡，每天吃几片面包，进食很少，因此一时还不能长途跋涉。为了能及时听到党中央和毛主席的声音，李达托熟人弄到了一个旧收音机。每当夜深人静之时，他全神贯注地秘密收听来自延安新华社的广播。

    1948 年底，李达身体逐

1948 年毛泽东写给李达的信

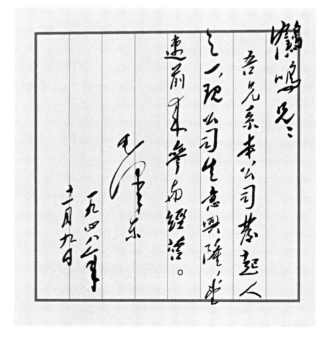

李达由长沙赴北京参加全国政协第一届全体会议，途经香港时与随行人员陈力新、李梅彬及陈力新父亲陈恕人合影

渐康复。他又收到香港三联书店经理徐伯昕的一封电报，告"董事长有事相商，盼即来港"。于是他写了封信，嘱湖南大学法律系助教陈力新先去香港找徐伯昕。陈力新到香港后，很快就受到中共华南局代表邵荃麟的接见："你来得太好了，毛泽东主席几次来电催我们，要尽快设法接李达到解放区去。我们正在考虑怎样着手哩！"他要陈力新回湖南后尽快护送李达来香港。

李达于1949年4月20日中午到达九龙，当晚中共在港的最高负责人潘汉年前来看望。5月8日与200多名民主人士历时7个昼夜前往刚解放不久的天津。

李达一行刚到北平，中央就派专车把李达单独接走

住在北京饭店。1949 年 5 月 18 日，李达到达北平后的
第三天，接到中共中央办公厅的电话通知：毛主席将在
香山寓所请他做客并长谈。

香山位于北京西北 20 余公里，是西山的一部分。
毛泽东居住的双清别墅就在香山寺下。这里原有两股清
泉，相传金章宗时称梦感泉。乾隆帝在泉旁的石岸上题
刻"双清"二字故名。

那天，李达早早吃了晚饭，在房间里等候来人接
他。7 时许，一辆小车驶进了北京饭店，把李达请进了
小轿车，然后，风驰电掣般地朝北郊驶去。

车到双清别墅，毛泽东已在门口迎候了。

| 北京饭店

双清别墅

双清别墅全景

"鹤鸣兄，多年不见，你可好吗?"毛泽东一边说，一边向李达伸出了手。

李达连忙跨出车门，紧紧握住毛泽东的手说:"润之，你还是那样热情、奔放和乐观啊!"

"鹤鸣兄，现在是'钟山风雨起苍黄，百万雄师过大江。虎踞龙盘今胜昔，天翻地覆慨而慷'啊! 我们把那位委员长的风水宝地都占领了，你说我能不高兴吗?"毛泽东情不自禁吟起自己的新诗来。

两人一边说着，一边手拉着手，肩并肩地走进了毛泽东的书房兼卧室。

"鹤鸣兄，屈指算来，一晃眼，我们就分别 20 多年了。这 20 多年你是怎么过来的?"两人一坐下，毛泽东

双清别墅正门口

毛泽东与李达亲切交谈（版画，陈光辉绘制）

就问。

李达叹了一口气说："润之，往事不堪回首，真是一言难尽。武汉分手后，我回到了长沙，创办了国民党湖南省党校。但是还没有招生，就遇到了许克祥发动的'马日事变'，我被敌人通缉，罪名是'著名共首'，并被国民党列到了追捕的黑名单上。这样，我只好逃到了自己的家乡。后来，我先后到上海、北平等地教过书。但无论到哪里，都受到国民党的监视，多次遭特务毒打。"

"听说，你与会悟就是在那个时候分手的？"毛泽东轻轻地问。

李达点了点头，算是对毛泽东的回答。李达随后给王会悟写信："昨天我与润之兄在香山叙旧，问起你，希望你早点来北平为好。"尔后李达写信请邵力子帮忙，让王会悟搭乘民主人士乘坐的船只由重庆到南京。此时女儿心怡正在南京金陵女子大学上学，李达给她写信，要她们母女去找南京军管会主任柯庆施。柯庆施1920年同王会悟一起加入社会主义青年团，他热情地接待了王会悟母女，并于7月安排她们去北平。新中国成立后，李达每次去北京，都去看望王会悟，并从自己的收入拿出1/3，给予她生活上的资助。

接着，李达又问起了毛泽东这20多年的光辉历程。

毛泽东哈哈一笑："什么光辉历程哟！我从1927年到1935年，基本上是受压的，在党内没有发言权。只是到了1935年的遵义会议后，才慢慢地好起来。再后来，就是同全国人民一道，赶走了日本帝国主义，埋葬了蒋家王朝。"

一说到自己的经历，毛泽东总是那么轻描淡写的。

时间很快就过去了，但毛泽东仍意犹未尽。而李达呢，也许这么多天的长途跋涉，渐渐地有些支持不住了。毛泽东见状，连忙

1949年，李达到北京后，要王会悟去北京的信

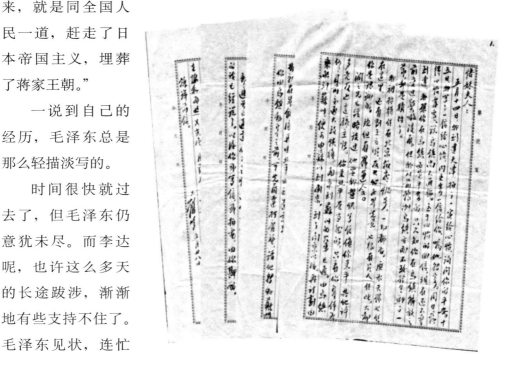

1949 年，王会悟与二
女儿李心怡在北京

说："鹤鸣兄，看来你确实是困了，今天已经很晚了，你就随便一点，到我床上睡吧！"

李达听毛泽东这么一说，忙问："润之，我睡你的床，你又怎么办呢？"

毛泽东淡淡一笑："我呀，老习惯总改不了，现在刚刚上班呢！"

李达先是一惊，继而拍着自己那已完全脱发的脑门说："你看我这记性，连润之兄那上午9点之前不起床，凌晨5时之后才睡觉的习惯都给忘记了。润之，那我就不客气啦！你可不要说我随便在党的主席床上睡觉啊！"

"哪来那么多清规戒律，还是我们在长沙办自修大学一样，彼此宽松一些、随便一些吧！"毛泽东真诚地说。

也许是长途跋涉和旅途劳累，此时的李达已十分困倦，说着说着，就不客气地躺在毛泽东那张宽大的木板床上睡着了，并响起了轻微的鼾声。

李达一觉醒来，已是天亮了。他见毛泽东还在批阅文件，不由心疼地说："您怎么还不睡？不要命了！"毛泽东说："我经常是这样，夜晚安静些。"他点了支烟，又工作一会儿才上床。

人民共和国开国大典前夜，能在即将当选中央人民政府主席的毛泽东床上睡觉的人，在毛泽东的朋友中，李达是绝无仅有的一位。

双清别墅办公室 ｜

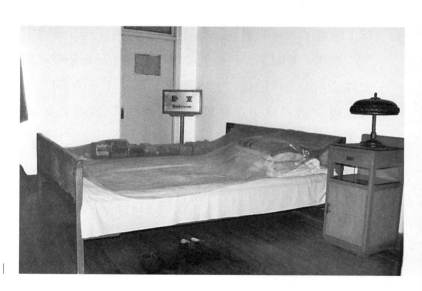

双清别墅卧室 ｜

# 二十四、毛泽东是李达重新入党的
# 见证人

1949 年 12 月初的一天，李达又接到毛泽东的邀请，让他到中南海叙谈。就在这次谈话中，李达郑重地提出了重新入党的要求。

那天，还有刘少奇、林伯渠、李维汉等老朋友在座。当着这些老朋友的面，李达提出了自己的要求，并检讨了自己在这个问题上的过错。

对于李达的这一请求，毛泽东并不感到意外："鹤鸣兄，你早年离开了党，不管是什么原因，都是不对的，这是在政治上摔了一跤，是个很大的损失。但是，往者不可咎，来者犹可追。你现在能认识自己在这个问题上的错误也是很好的。"

说到这里，毛泽东看了看在座的各位后说："鹤鸣兄，你的为人我是了解的，你坚信马克思主义和布尔什维克主义，我们也是知道的。你在早期传播马克思主义，是起了很大作用的；创建中国共产党，你也作出了很大贡献，即使是与陈独秀赌气，作出了离开共产党的决定后，你还是一直坚持在马克思主义研究和宣传这块

阵地，这也是很了不起的。我在延安时，就读过你翻译的《辩证法唯物论教程》和你的专著《社会学大纲》，对我可有很大的影响哟！特别是你与湖南地下党组织一道，推进了湖南的和平解放，做了一件功德无量的大好事。对此，党是了解你的，人民也是不会轻易忘记你的。"

毛泽东的这一席话，对李达的一生作出了简单而正确的评价，使得年近花甲的李达激动得热泪盈眶。

毛泽东接着又说："鹤鸣兄，我了解你的过去，同意你重新入党，而且我将向党中央建议，你的入党问题直接由中央办理，不要候补期。当然，正式手续这还是要办的。这样吧，今天在座的几位，都是你的湖南老乡，与你都很熟悉，大家都尽一份力。少奇做你的入党介绍人，我，还有李维汉，对你当时的情况最了解，由我们俩来做你的历史见证人，大家说行不行？"

刘少奇、林伯渠等人都表示赞同。

不久，李达正式履行了入党手续，由刘少奇介绍，毛泽东、李维汉、张庆孚等三人为历史见证人，党中央特别批准李达重新加入中国共产党。

李达重新入党后，每当谈起这件事，他总是激动地说："这么多年了，毛主席还没有忘记我，是毛主席的关怀和鼓励，才使我获得了新的政治生命啊！"他还意味深长地说："从此我'守寡的日子终于结束了'，我决心为共产主义事业奋斗到底，鞠躬尽瘁，死而后已！"

# 二十五、担任新中国第一任湖南 大学校长

　　双清别墅深夜畅谈后几天，毛泽东又给李达写信，大意是：吾兄健康欠佳，先安下心来休养一些日子，工作问题待体质增强些再议。

　　开国伊始，各种机构纷纷建立，李达先后担任了华北高等教育委员会常委、中国新法学研究会筹备委员会常委、中国新哲学研究会筹备委员会主席、中国科学工作者代表会筹备委员会副主席。

新政协筹备会第一次全体会议代表合影（第二排右第八位是李达）

新政协筹备会会场 |

1949 年 9 月，中国
人民政治协商会议第一届
全体会议在中南海怀仁堂
举行

　　1949 年 9 月 21 日，中国人民政治协商会议第一届
全体会议在怀仁堂开幕。李达以无党派人士身份，作为
社会科学工作者代表参加会议，并当选为全国政协委
员。10 月，李达被任命为中央人民政府政务院文教委
员会委员和法制委员会委员。

第一届全国政协代表证

　　第一届全国政治协商会议闭幕后，毛泽东在一次与
李达谈话时，曾提出要留他在北京工作，是做教育工
作，还是做理论宣传工作，由李达自己决定。

　　李达对毛泽东说，感谢中央对我的关心，但我是热
爱教育工作的，特别是对湖南的教育事业有一种特别的
感情，所以，我想回湖南大学继续从事教育工作。

　　毛泽东满足了李达的这一请求，在中央人民政府委
员会第四次会议上，提议并通过了李达任中南军政委员

李达在第一届全国
政协第三次会议上发言
（1951 年）

会委员、文教委
员会副主任和湖南大
学校长的决议，毛
泽东还亲自签署了
李达为湖南大学校
长的任命书。李达
是中央人民政府最
早任命的大学校长
之一。

　　带着自己多年
来的理想，带着党
中央和毛泽东的信

任，李达于 1950 年 2 月正式就职，担任新中国第一任湖南大学校长。这年，李达正好 60 岁，尽管这时候他已经到了花甲之年，但在办学的问题上仍雄心勃勃。

李达一到湖大，就以毛泽东在与他谈话时提出的"要为人民办教育""改造旧湖大，建设人民的新湖大"为宗旨，贯彻党和人民政府的教育政策，实行了"进步思想、健全体魄、科学知识"三位一体的教育方针，也就是后来党的德智体全面发展教育方针，培养一代社会主义新人。

1950 年 8 月在北京开会期间，李达给毛泽东写信，请他题写校名，毛泽东欣然应允。20 日，他以其特有的"毛体"，写了

50 年代的李达

两幅"湖南大学"校名，以供选用。

李达欣喜不已，给正在北京学习的他的学生涂西畴打电话，要其立即去看。他深有感触地说："毛主席日理万机，很快满足我们的请求，这是对湖大数千师生员工的巨大关怀，勖勉我们努力把湖大工作做好，早日改造成新大学，为革命和建设多培养人才。"1951 年元旦，他率领全校师生员工，举行了隆重的挂牌仪式。

李达抓住主要矛盾，对湖大进行了全面的改造和建设。在学校体制上，他保留了文学院和农学院，改工学院为工程学院，商学院为财经学院，理学院为自然科学院，法学院为社会科学院，文艺学院与教育学院合为文教学院。各院只设院长直接管系，系辖教研室。学校既

| 湖南大学一角

| 岳麓书院

设了主管教学行政工作的教务，又设了专管教学改革的教学研究部，院、系则设立院、系教学委员会，并设立了课代表制度。

在培养目标上，李达强调"培养具有高级文化水平、掌握现代科学和技术的成就、全心全意为人民服务的高级建设人才"，要求"进步思想、健全体魄、科学知识"的统一和"德才资"的一致。

在课程设置上，他参照老解放区华北各大学课程设置的暂行规定，取消了不适应新社会的旧课程，新设了社会发展史、辩证唯物论、中国革命史、政治经济学等公共政治理论课程。他明确提出，人文科学和社会科学"都要贯彻科学的内容、民族的形式和大众的方向"，

李达在湖南大学主政期间新建的大礼堂

"都要为政治服务，为生产服务，为国防服务"。

李达十分重视湖大的基础建设，关心提高教员待遇。湖大在抗战期间，曾两次遭受日寇轰炸，恢复工作又因新的内战而中断，新中国成立后一下并入4个学院，人员激增，用房十分紧张。李达在北京治病时，就给省委书记黄克诚等人写信，要求为湖大解决两大问题：一是校舍问题，要求将岳麓山的三所私立中学合并；二是经费问题，要求提高湖大教员工薪。他还给党中央和毛泽东写信，要求提高教员工资，在待遇方面要与武汉大学同等，要求政府拨经费建房子，解决湖大的房荒。在给毛泽东的信中，他还提到学校实验工厂与农场复工、图书馆的修复、扩充等都遇到经费困难，请求予以解决。他通过多渠道、多方面的努力，这些问题都得到解决。他任内的三年中，学校新建房舍3万多平方米，比解放前翻了一番，教员待遇也得到改善。

主政湖南大学期间，还主持了毛泽东早年活动过的地方——爱晚亭和枫林桥的重建工作。爱晚亭地处岳麓山风景最佳处，毛泽东等志同道合的同学，一到岳麓山，一定到爱晚亭中静坐，或在亭边的坪上狂奔。这里到处留下了青年毛泽东的足迹。新中国成立后，湖南大学的一些同志为了纪念毛泽东等有志青年在这里进行的革命活动，要求学校重修爱晚亭，并要求毛泽东的好友李达亲笔致信毛泽东，请他为重修后的爱晚亭题写亭名。李达认为，维修爱晚亭需要当地政府支持，于是，他找到有关部门，具体落实了维修之事。毛泽东接到李

鹤鸣兄:
    校名遵写如另纸,是否是
居合用?另纸写了大的字,你们
配古放大。顺祝
健康!    毛泽东
    八月廿日

达的信后，立即题写了"爱晚亭"三个大字，作为爱晚亭的匾额。

李达十分重视人才，关心和保护知识分子。土改运动中，湖大正副教授将近两百人，大多家庭出身不好，有的老教授在原籍农村还有土地。因此，那时经常有持梭镖挎大刀的农民来学校清算、揪斗那些家庭出身不好的教授和副教授。李达闻讯总是匆匆赶到现场，亲自出面劝阻。他又专就此事多次向省、市领导反映，并提出不能让农民随便来校把高级知识分子带走。他还指示学校成立城乡联络室，经常和省城乡联络处保持联系，对来校的农民统一接待，由组织出面协商解决，较好地保护了湖大的教学骨干。他说："一个大学要办好，一要靠正确的教育路线和指导思想，二要靠高质量的人才，主要是教师。没有一大批第一流的教师，是办不成第一流大学的。"他看准了的人，不仅多方设法联系，有的还亲自登门拜访邀请，家属有困难的，则设法加以解决。他还注意培养青年教师，要倾注全力带出一批高水平的教师队伍。

在新旧社会和新旧体制转轨的重要历史时期，李达始终牢记毛泽东说的一句话，改造旧大学，使之成为为人民服务、为社会主义服务的新大学。他曾在全校大会上说："教学是学校的中心工作，但必须贯彻爱国主义精神，离开了爱国主义的精神，教的学的都是空谈，不切实际，是人民的教育所不需要的。办学首先要解决的问题，就是为什么教、为什么学的问题。教和学，都是

培养具有较高学术水平、掌握现代科学和技术成就，全心全意为人民服务的高级建设人才，从一个旧型大学转变到新型的人民的大学，首先要解决的就是新旧矛盾问题，这是一个主要矛盾，要解决这个主要矛盾，方法就是思想改造，我们抓住了这个中心环节，才能建设好新湖大。建设新湖大，必须改造旧湖大。改造是关键，是人的立场、观点、方法的改造，是人的思想的改造。"

李达认为，要改造人的思想，必须学习马列主义、毛泽东思想。他说："要学习马列主义的社会观，学习毛泽东思想的中国社会观……学习毛泽东思想的中国社会观，必须树立五种观点：第一是唯物辩证的观点；第二是劳动的观点；第三是阶级的观点；第四是群众的观点；第五是组织的观点。"

1952 年全国高等学校院系调整，中南局教育部坚持要撤销湖南大学，湖大无法再继续办下去。李达虽然对有关部门的这一决定有意见，但还是服从了组织的安排，很不情愿地离开了湖大。尽管如此，他办好毛泽东家乡大学的愿望始终没有泯灭。在院系调整过程中，上级主管部门原来打算只给湖南留下一个师专的师资班子，但李达当时是中南军政委员会委员和文教委员会副主任，他一再坚持必须给湖南多留一些师资，最后，才改为留下一个

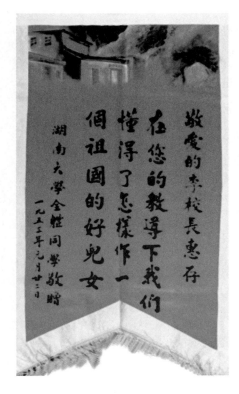

李达离开湖南大学时，学生们送的锦旗

师范学院的班子。李达认为这样做，才有可能在以后办一所毛泽东师范大学。

1958 年，湖南大学恢复时，李达非常高兴，他为湖南大学的师资问题亲自找到时任国家高教部部长的杨秀峰，并向其他兄弟院校呼吁，希望有关方面大力支持毛主席家乡办学。由于他的影响，湖南大学的师资调入和培训工作进行得都很顺利。当时，李达已任武汉大学校长，他不仅支持湖南大学的师资，而且从各个方面给予关照，如为湖南大学订购了书籍和期刊等。后来，他也多次与一些同志说，只要有机会，还想回湖南办湖南大学。

# 二十六、解说毛泽东的《实践论》和《矛盾论》

1950年12月，毛泽东的《实践论》重新发表。李达从报纸上看到这篇文章后，立即对助手说，毛主席的这篇著作，是指导中国革命胜利的不朽文献，是毛主席对马克思主义实践观的重大发展，我们一定要认真学习。我准备暂时把手里的理论研究工作放一下，以主要精力来对《实践论》做一些宣传阐释工作，使广大干部群众真正掌握马克思主义的认识论，并以此来指导我国的革命与建设。

毛泽东著作《实践论》

李达以极大的政治热情投入到研究和宣传毛泽东的这篇名著之中。在短短几个月的时间里，李达就撰写了《实践论——毛泽东思想的一个基础》《怎样学习〈实践论〉》等重要文章。与此同时，李达还多次给全校师生作学习《实践论》的辅导报告，他多次说："《实践论》是无产阶级实践的哲学。毛泽东同志的实践论，是马列主义实践理论的发展，是毛泽东思想的哲学基础，是辩证唯物论的基本原理与中国革命具体实践的结合，它是中国革命行动的理论，是毛泽东的思想方法与工作方法的科学总结。"

为了帮助广大干部群众学习《实践论》，李达开始着手撰写《〈实践论〉解说》。从1951年1月到6月，李达逐段逐句地对毛泽东的《实践论》进行阐释，写了6万多字的解说材料。

《〈实践论〉解说》与《〈矛盾论〉解说》

3月中旬，李达把《〈实践论〉解说》的第二部分寄给毛泽东审阅。毛泽东看了解说稿后，给予高度评价，并指示出一本小册子。同时，还对解说中的一些不太准确的地方认真做了修改。

3月27日，毛泽东回信说："两次来信及附来《〈实践论〉解说》第二部分，均收到了，谢谢您！《解说》的第一部分也在刊物上看到了。这个《解说》极好，对于用通俗语言宣传唯物论有很大的作用。待你的第三部分写完并发表之后，应当出一单行本，以广流传。第二部分中论帝国主义和教条主义经验主义的那两页上有一点小的修改，请加斟酌。如已发表，则在印单本时修改好了。"

毛泽东在信中说："关于辩证唯物论的通俗宣传，过去做得太少，而这是广大工作干部和青年学生的迫切需要，希望你多多写些文章。"

毛泽东不但逐字逐句看了这部分《解说》，而且提出了具体修改意见，并对一些地方作了具体改动。毛泽东对李达寄去的《解说》的第二部分，具体改动有以下几点：

第一，在《解说》中谈到中国人民对列强作排外主义的自发斗争的地方，加写了这样一句话："中国人民那时还不知道应当把外国的政府和人民、资本家和工人、地主和农民加以区别，我们应当反对侵略中国的外国地主资本家和政府官员，他们是帝国主义者，而在宣传上争取外国的人民，并不是一切外国人都是坏人，都要排斥。"毛泽东加了这样一句话后，就明确把反对帝国主义的侵略和压迫，与排外主义严格区别开来了。

第二，在《解说》中谈到孙中山当年所倡导的民族主义完全以清政府为对象，从未提起过反帝国主义的地方，加写了这样一句话："虽然辛亥革命实际上起了反对帝国主义的作用，因为推翻了帝国主义的走狗——清政府，当然就带着反帝的作用，因而引起了帝国主义对于辛亥革命的不满，不帮助孙中山

毛泽东就《解说》给李达写的第一封信手迹

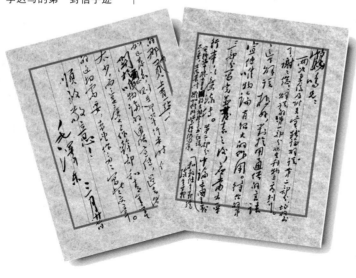

而帮助袁世凯；但是当时的革命党人在主观上并没有认识这一点。"毛泽东加这一段话的主要目的，是说明孙中山虽然没有明确提出反对帝国主义的口号，但在实际上起到了反帝的作用，我们必须对孙中山领导的革命有一个正确的认识。

毛泽东就《解说》给李达写的第二封信手迹

第三，《解说》谈道："唯物论的'唯理论'是今日教条主义的来源，唯物论的'经验论'是今日经验主义的来源。"毛泽东认为这样表述还不太准确，就把这句话改为："唯物论的'唯理论'与今日教条主义相像，唯物论的'经验论'则与今日经验主义相像。"

李达收到毛泽东的回信及对《解说》第二部分的修改后，立即对第二部分又作了些改动，使《解说》基本上符合毛泽东的原意。

《解说》在《新建设》杂志连载完后，李达立即与三联书店联系，根据毛泽东的指示，在最短的时间内，即1951年7月就出版了《〈实践论〉解说》单行本，第一版就印刷了5万册，不久便销售一空；翌年，又第二次印刷。

正当李达写完《〈实践论〉解说》，准备付印出书时，《毛泽东选集》第一卷正式出版发行。李达又全身心地投入到《〈矛盾论〉解说》的写作上。为了做到深入浅出、准确无误地阐释原著，李达常常工作到深夜。那时候，他的胃溃疡相当严重，只能少吃多餐，每隔一两个小时吃几片饼干，喝点开水或者吃点儿流食。白天，他要主持行政工作，有时还有教学任务，只能早起晚睡，在清晨和深夜加班加点，有时胃痛得直冒冷汗，但他仍未停止过思考和写作。

李达常常对他身边的工作人员说，毛泽东的《矛盾论》是马克思主义通俗化的典范，是辩证法的经典著作，它往往通过最常见的事例和最通俗的语言，讲清楚了辩证法深奥的原理。

一次，李达在为全校师生作学习《矛盾论》的辅导报告时，明确指出："《矛盾论》是论证事物的矛盾法则即对立统一法则的学说，是马克思主义的辩证法，是共产党的宇宙观。这个宇宙观，具备了严谨的科学的客观性、共产党人的主观能动性及其对于历史实际和革命实际的党性。这个宇宙观在社会领域中扩张起来，就显示出工人阶级对于特定社会之社会主义改造的道路。"

李达的《〈实践论〉解说》和《〈矛盾论〉解说》，是 20 世纪 50 年代中国哲学界研究毛泽东哲学思想的主要成果之一。这当中不仅凝聚了李达的心血，也是在毛泽东的指导下写成的，因而也凝聚了毛泽东与李达的深厚友谊。如前面所讲到的，李达每写完一部分，都先送请毛泽东审阅。毛泽东收到文稿后，都逐字逐句地阅读，并亲笔修改。书稿中凡写有"毛主席"的地方，毛泽东都统统改为"毛泽东同志"。

"两论"解说不是纯粹的诠释性读物，而是站在马克思主义的高度，对毛泽东哲学思想进行独立研究和创造性写作的结果。它做到了深入浅出，通俗易懂，准确深刻，富有特色。

在李达撰写《〈矛盾论〉解说》时，毛泽东对李达解释的每一条、每一段都进行了仔细推敲。1952 年 9 月，毛泽东看了李达的《〈矛盾论〉解说》的部分文稿后，曾致信李达：《矛盾论》第 4 章第 10 段第 3 行"无论什么矛盾，也无论在什么时候，矛盾着的诸方面，其发展是不平衡的"，这里"也无论在什么时候"8 字应删，在选集第一卷第二版时，已将这 8 字删去。你写解说时，请加注意为盼！

在《解说》中，李达同样不拘泥于毛泽东的个别词句、个别观点，而力求比较全面、准确地去阐述毛泽东思想。李达的"两论"解说有一个非常突出的特点，即在论述中总是力求讲清毛泽东的论点的理论渊源和实践依据，讲清毛泽东怎样运用马列主义基本原理总结中国革命的丰富经验，从而对这些原理进行补充和发展。

例如，他在《〈矛盾论〉解说》中，就开宗明义地阐述了毛泽东提出的矛盾法则赋予马克思主义的对立统一法则的继承和发展关系。李达解释说："事物的矛盾法则，即对立统一的法则，是唯物辩证法的最根本的法

则。唯物辩证法的创始人——马克思和恩格斯，在他们的著作中，都是把这个法则当作唯物辩证法的中心问题发展的。例如，马克思的《资本论》完全地贯彻着这一法则；恩格斯在《费尔巴哈论》等著作中，也发挥了这个法则的精神。列宁基于理论与实践的统一的原理，应用对立统一法则于帝国主义的分析，于帝国主义时代与俄国的无产阶级革命问题的分析，在其经济学、国家论及许多哲学的著作中，充分地'解释和发挥'了辩证法的本质、核心，表明了这对立统一法则是辩证法最基本的、最重要的、最有决定意义的法则。"

"毛泽东同志师承列宁的遗教，不但根据马克思、恩格斯、列宁、斯大林的文献，研究了世界无产阶级革命的经验，吸收了现代科学上的新成就，充分地、详尽地、明晰地'解释与发挥'了论对立统一法则的学说，而且具体地、灵活地、巧妙地应用了这一学说于中国革

毛泽东就《解说》给
李达写的第三封信手迹

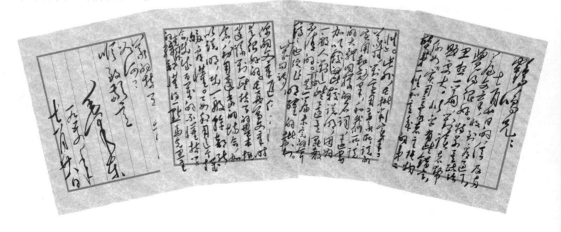

命问题，建立了中国革命的理论与政策，并用亲身领导人民革命的经验，丰富并发展了这一学说。《矛盾论》如同《实践论》一样，正是马克思列宁主义的普遍真理与中国革命的具体实践相结合的宝贵的理论收获。"

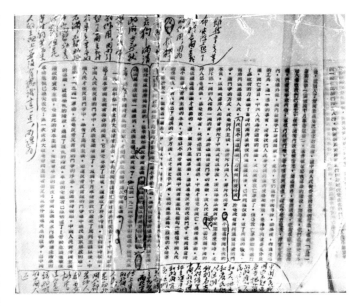

毛泽东修改李达所著《〈实践论〉解说》一书手迹

毛泽东对李达的通俗解读工作给予了很高的评价。1954 年 12 月 28 日，毛泽东特别致信李达：

"你的文章通俗易懂，这是很好的。在再写文章时，建议对一些哲学基本概念，利用适当的场合，加以说明，使一般干部能够看懂。要利用这个机会，使成千上万的不懂哲学的党内外干部懂得一点马克思主义哲学。"

"两论"解说这两本通俗的宣传毛泽东思想的小册子，开了我国系统宣传毛泽东哲学思想的先河，成为当时的畅销书。自 20 世纪 50 年代问世后，这两部著作被译成多种文字，先后在世界许多国家流传，人民出版社还于 1979 年出了合订本，深受广大读者的欢迎和好评。它不仅是当年广大干部群众学习毛泽东哲学思想的最好教材，而且为今天系统地学习和研究毛泽东哲学思想提供了重要的参考资料。

# 二十七、担任武汉大学校长十三年

1952 年 11 月，中央人民政府政务院第十九次会议批准任命李达为武汉大学校长。1953 年 2 月 23 日，李达正式到武汉大学任职。在这所历史悠久的国家重点大学里，李达勤勤恳恳地工作了 13 年，一直到逝世。

武汉大学东湖全景 |

武汉大学溯源于1893年清末湖广总督张之洞奏请清政府创办的自强学堂，历经传承演变，1928年定名为国立武汉大学，是近代第一批国立大学。1946年，学校就形成文、法、理、工、农、医6大学院并驾齐驱的办学格局。

李达一到武大，就亲自组建了马列主义教研室（与系同级）并兼主任，亲自讲授辩证唯物论、中国革命史等课程，加紧培养马列主义理论师资。当年暑假，李达率领马列主义教研室中青年教师上庐山备课，并亲自审阅他们的教学大纲备课讲稿，回答他们提出的重点、难点问题，指导理论课的教学改革。

接着，李达创办了颇有影响的马列主义夜大学，在自愿原则下，组织教师和干部系统学习马列主义、毛泽东思想，夜大学学习期限4年，开设中国革命史、马列

把毛泽东思想的学习、研究、教学、宣传结合起来

**毛澤東思想研究所成立**

李达和刘巍、张勃川、何定华分任正付所长

李达一到武大，就组建了马列主义教研室和毛泽东思想研究所。图为《新武大》报导毛泽东思想研究所成立

主义基础、辩证唯物论与历史唯物论、政治经济学 4 门课程。

1954 年 11 月 2 日，李达对参加夜大学的教职员作动员报告，阐明了培养合格的社会主义建设者和接班人是教育工作者的首要任务；教育者必先受教育，必须系统地学习和掌握马克思主义的基础理论，报名参加夜大学学习的有近千人，除本校人员外，校外也有教师报名参加。

当时，李达是年逾花甲的老人，患肺气肿、胃溃疡等多种疾病，不能吃饭，只能吃流食，工作繁忙，社会活动多，可是他对教师干部的理论教育仍然抓得很紧，为了办好马列主义夜大学，李达亲自拟订马列主义教研室的教学计划，选拔任课教师，组织成立毛泽东思想研究所，他亲授哲学课，每次讲课前，他总是认真写好讲稿，印发给大家。不少老教授感慨地说，在夜大学听李校长亲自讲授唯物辩证法，深得教益。

为了促进理论教育的深入开展，1959 年 2 月，学校成立了以李达为首的马克思主义政治理论教育委员会，下设办公室和哲学、政治经济学、科学社会主义、中共党史 4 个教研室，由学校党政主要领导分别兼任各教研室主任。该委员会由党委常委、总支书记和有关同志组成，各教研室的教师除了专职理论教员外，还有一部分由党团干部兼任。

李达重视马克思主义理论教育，不仅培养了一代又一代有较高理论水平的社会主义建设者和接班人，并且造就了一批又一批马克思主义理论骨干，在李达校长的熏陶下，武大一直把马克思主义理论教育放在学校工作的重要地位。

武汉大学哲学系始建于 1922 年 9 月，久负盛名，1952 年院系调整前 30 年在此任教的有：余家菊、陈剑脩、屠孝实、方东美、范寿康、熊十力、朱光潜等 20 余名著名哲学学者。1952 年 10 月，全国院系调整，武大哲学系合并到北大哲学系。

| 武汉大学哲学学院

　　李达担任武汉大学校长后，从 1953 年至 1955 年，积极筹备恢复哲学系的工作。他说服高教部并延揽人才，1956 年经高教部批准，武汉大学哲学系正式重建，当年招收了复建后的第一届学生。李达校长亲自兼任系主任达 6 年之久，并亲自授课。其时，李达已是中国哲学学会会长、中国科学院哲学社会科学学部委员。

　　由于原武汉大学哲学系的全体教师都在 1952 年院系调整中调到了北京大学，1956 年重建武大哲学系时没有教师队伍。李达采取多种途径，到处招贤纳士，很快就建立了一支年富力强、德才兼备的教师队伍，开设了高水平的课程。后来成为著名教授的江天骥、萧萐父、陈修斋等就是他从北京大学聘请来的。

　　调来的教师如有具体困难，他都一一加以解决。李德永教授当时是天津一所中学的教师，全家都在天津，爱人又是家庭主妇，他写出两篇论文分别在《新建设》和《文史哲》上发表。李达亲自审阅李老师的论文，决定把李老师调入武大，还主动把路费寄到天津。李德永举家南迁后，李达又安排他到北大进修中国哲学史。时任北大哲学系主任的郑昕教授原也曾想调李德永进北大，因种种原因未果，郑昕先生很赞叹李达校长的眼光与气魄。

　　充实教师队伍的另一个办法，就是李达亲自培养和选拔人才，如著名哲学家陶德麟教授，就是他当年的学术秘书，后来曾担任过系主任、副校长、校长。

　　在重建武大哲学系时，李达的办系宗旨十分明确，他强调以马列主义、毛泽东思想为指导；强调教学与科研相结合，鼓励教师出高水平的学术著作；强调理论联系实际，坚持"双百"方针，繁荣学术，形成特色，建立和发展属于自己的珞珈学派。李达亲自编教材，组织编写高质量的学术性强的教科书，注意抓试验班，带头示范，为哲学系重建后的首届学生讲授马克思主义哲学课。他精力不济，站着讲有困难就坐着讲，板书有困难就请助手帮忙，每次课坚持讲两三个小时。所有这些，不仅对武大哲学系的重建起了极大的指导与推动作用，而且对哲学系后来的发展也产生了深远的影响。

李达十分强调高等学校的教育方针和综合大学的培养目标。他在 1953 年武大庆祝国庆暨开学典礼上的讲话中指出，高等教育必须适应国家建设的需要，培养具有马克思主义世界观，忠实于祖国和人民的事业，掌握先进科学技术的专门人才，为此，应以马克思主义关于自然和社会发展规律的科学，作为高等学校所必须具备的教育基础；要适应国家建设要求的不同类型的建设人

《新武大》刊登的《李校长讲马克思主义认识论》等文章

1958年4月6日，李达陪同毛泽东会见武汉科学界人士

才，在广博的基础知识之上进行不同类型的专业教育，使理论与实践相结合，全面发展与专业训练相结合，培养出能胜任各种建设事业的专家。他说，这就是新型高等教育为培养德才兼备的人才所应遵循的道路，这是办高等教育的基本方针，也是办综合大学的基本方针。

李达指出：综合大学和其他专科性高校各自分担不同的任务，专科性高校主要是培养技术科学方面的从事实际工作的专门人才；综合大学则主要是培养理论或基础科学方面的从事研究工作或教学工作的专门人才。因此，综合大学的培养目标，首先要使学生具有较高的理论水平与较广博的科学知识，通晓一般的科学规律，然后在这个基础上进行专业训练，使之能够独立地创造性地进行研究，并善于在马克思主义方法论的基础上解决自己专业方面的某些理论和实际问题。

　　1962 年以后，他反复强调，大力提高师资水平，希望 3 年至 5 年内，8 年至 10 年内，涌现一批名教授，在学术界出现几个有地位的专家、学者，把中青年骨干充实起来。有一次，李达非常关切地说："武汉大学在国家（重点）大学中占第几位，我很注重这事，有人说我们是第五位，要努力迎头赶上去。"又说："我设想 10 年以后，武大水平线以上教授数以百计，然后赶上国际水平，应该向这方面走。"

　　李达非常重视人才。他经常讲，一个学校，一个系办得好不好的一个标志就是看有没有一批知名的教授、

李达与吴晗（右一）等在武汉大学会议室（1961 年）

学者。他又说，大学是最高学府，教师要有最高学术水平才行。他深感人才可贵和来之不易，为了发挥人才作用，他含辛茹苦，呕心沥血，不知操劳了多少个日日夜夜。

当年曾昭抡教授是著名化学家、科学院学部委员、高等教育部副部长，被错划为右派后，别人都不敢用他。李达校长知道了这一消息后，便大胆地聘请他来武大任教。这在当时，是要有过人胆略和目光的。曾昭抡教授戴着"右派"帽子来武大任教，他来之后，担任化学系元素有机教研室主任，首先倡导创办元素有机新专

李达与外国友人在一起 ｜

李达与苏联文化代表团格拉申柯（高校部副部长）等在武汉大学图书馆前（1957 年）

李达任中国哲学会会长，在武汉接见来访的日本哲学家

李达校长和张勃川
(左)、何定华副校长在一起

业，招收研究生，给青年教师开提高课，还主持编写了《元素有机化学》丛书。曾先生言传身教，辛勤耕耘，以实际行动改变了武大化学系一度沉闷的气氛，一大批中青年学术骨干脱颖而出，硕果累累，名声大振。

对于确有培养前途的青年教师，李达也给予极大的关注。例如，有位同志原是读经济学的，提前毕业后被分配到化学系做团总支书记。1958 年，他在武大校刊上发表了几篇学习辩证法的短文章，李达看到后，认为他很有培养前途，就把他调入哲学系，以后又派他到中国人民大学进修。这位同志现在已是博士生导师和毛泽东哲学思想研究的学科带头人。

李达十分重视科学研究，为了组织领导好科学研究工作，李达总是大力宣传和贯彻百家争鸣的学术方针，鼓励独立思考，大胆创造，反对窒息生机的教条主义，提倡生气勃勃的马克思主义精神。他甚至讲过："我们在政治上绝对服从毛主席的领导，但是在学术上，我们同样可以跟毛主席争论。"这些话，当时没有哪个敢说。

李达是一位德高望重的长者，但非常谦虚，他同助手、教师乃至学生讨论问题，总是那样平易近人。哲学史教研室的同志曾和李达在封建社会分期问题上发生过争论，李达主张西周封建说，他们却主张战国封建说，各不相让。争论过后，他毫不介意，并不强求别人接受自己的观点。尽管校务繁重，但李达始终认为自己是教授，不仅应该组织和领导开展科学研究，而且要积极带头培养研究生。尽管自己身患多种疾病，他仍以"继续

在理论战线上发挥一个老兵的作用"自勉，他还亲自组建毛泽东思想研究室，开展毛泽东哲学思想研究。

李达一生著作等身，而这些著作都是他严谨治学、辛勤耕耘的结果，李达对助手和别人严格要求，一丝不苟，他反对人云亦云，因循守旧，提倡有自己的看法、自己的创见。有一次，他的一位助手写了一篇文章送给他看，他看后觉得没有什么新意，便批了几个字："唯陈言之务去。"要求这位助手重写，使这位助手受到了一次深刻的严谨治学的学风教育。

李达的率先垂范，为科学研究的长足进展，为武大学术水平的提高奠定了坚实基础。

李达在武大主持校政 13 年，在他的领导和影响下，武大培养了成千上万的高级专门人才，成为"桃李满天

李达在学术报告会上讲话

李达在 1961 年辛亥革命 50 周年纪念大会上作报告

李达在武汉大学第三次党员代表大会上投票

李达在武汉大学作学术报告

李达与武汉大学领导朱劭天（左四）、何定华（右六）、高尚荫（左三）、周健（右五）和哲学系领导余志宏（右四）、李其驹（右三）、孟宪鸿（右二）等，同哲学系62班毕业生合影

李达在武大工学院教学楼前与学生交谈

李达在武大非常关心青年大学生成长，经常与他们谈心、交流思想。图为李达与俄文系的学生吴佩娟亲切交谈

李达与武汉大学同学
们在一起交谈（1964 年）

李达与武大附小学生
在一起

下，人才遍域中"的著名学府。经过几十年的发展，目前武大已有各类在校学生 1 万余人，设有人文科学、社会科学、理学、工学、信息科学和医学 6 大学部 37 个学院（系）119 个本科专业，专任教师 3600 余人，其中正副教授 2500 余人，武汉大学已经成为我国一所名副其实的综合性重点大学。

# 二十八、论争"人有多大胆，地有多大产"

　　1958 年是一个火热的年代。社会主义建设总路线、"大跃进"和人民公社被毛泽东和党中央树为建设社会主义的"三面红旗"。总路线就是"鼓足干劲，力争上游，多、快、好、省地建设社会主义"。"大跃进"是以全国大炼钢铁、大办粮食为中心而展开的各行各业以"一天等于二十年"的速度的大发展，实际上是全国各行各业无法完成的高指标。人民公社是全国农村的拆乡并（农业合作）社、普遍建立工农商学兵一体、政社合一的政权、生产和军事组织，被认为是"两个过渡"，即由集体所有制向全民所有制过渡和由社会主义向共产主义过渡的最好组织形式，并扩大到全国所有小城镇。提出"三面红旗"，实际上毛泽东在社会主义建设指导思想上已经产生了严重的"左"的失误，李达当时还没有觉察到这种失误，开始时，他还应和地提倡了"哲学大跃进"。随着形势的发展，他渐渐觉察出实际工作和理论宣传中的"左"的错误和主观唯心主义倾向。

　　1958 年，李达已届 68 岁。他听说湖北鄂城县委门

| 1958 年的宣传画

| 1958 年,《人民日报》刊登"人有多大胆　地有多大产"的口号

李达与毛泽东在一起
（1958 年）

口贴了这样一副对联：人有多大胆，地有多大产；鼓足干劲干活，放开肚皮吃饭。他认为上联"人有多大胆，地有多大产"是一个主观唯心主义的口号，并与来汉视察的毛泽东当面论争了这个口号。

据原湖北省委副秘书长梅白回忆，新中国成立后毛泽东与李达第一次在东湖见面时，李达想改口喊"主席"。但由于不习惯，一连"主"了好几次，"席"字还没跟上来。见李达这样别扭，毛泽东便笑声朗朗地说："你主、主、主什么？我从前喊过李主任吗？现在我叫你李校长好不好？你过去不是叫我润之，我叫你鹤鸣兄？"

他们入座后，李达说："我很遗憾，没有同你上井冈山，没有参加二万五千里长征。"

毛泽东说："你遗憾什么？你是黑旋风李逵，你比他还厉害，他只有两板斧，你有三板斧。你既有李逵之大忠、大义、大勇，比起他还多一个大智。你从五四时期，直到全国解放，都是理论界的'黑旋风'，胡适、梁启超、张东荪、江亢虎这些大人物，都挨过你的板斧。你在理论界跟鲁迅一样。"

送走李达，梅白乘兴问毛泽东："您能否公开评价一下李达同志，把您刚才的话发表出去？"毛泽东说："他是理论界的鲁迅，还要我评价什么？历史自有公论！"

1958 年 11 月中旬，毛泽东来湖北视察，下榻在东湖客舍，李达听说后即请求见毛泽东。经毛泽东同意，在省委接待人员梅白的安排下，李达来到毛泽东的下榻处，便直问"人有多大胆，地有多大产"是不是马克思主义？毛泽东见他这样问，便径直反问："这是从哪里来的？"

于是，李达向他说明了这个口号的来历。尽管毛泽东在实际生活中并不完全同意这个说法，但在讨论问题时，他却不大愿意有人否定这个口号。他认为，这打击了群众敢想、敢说、敢干的热情和积极性。他不慌不忙地说："这个口号同世间一切事物一样，也有两重性。一重性是讲发挥人的主观能动性，这是有道理的。另一重性，如果说想到的事都能做到，甚至马上就能做到，那就不科学了。"

但是，李达却并不同意毛泽东的这个说法。他说，

这个口号现在不能谈两重性。谈两重性，在现在的形势下就等于肯定这个口号。

毛泽东见李达这样认真，也开始认真了。他反问："肯定怎么样？否定又怎么样？"于是，两位哲学家又就肯定、否定争论起来。

毛泽东希望说服他这位老朋友，举了红军长征的例子，也举了一些发明创造的例子。他见李达仍然没有赞同的表示，便问："内蒙古、新疆、西藏大不大？"李达说："当然大啊！"毛泽东又问："那浙江呢？"李达说："小啊！"毛泽东说："你看，内蒙古、新疆、西藏地大人少吃供应；浙江地小人多却卖余粮，这不就是人的主观能动性吗？"

然而，李达还是不相信主观能动性有那样大。他坚持说："肯定这个口号就是认为人的主观能动性是无限大，就是错误。人的主观能动性的发挥离不开一定的条件，一个人要拼命，'以一当十'可以，但最后总有个限制，终有寡不敌众的时候。'一夫当关，万夫莫开'是要有地形作条件，人的主观能动性不是无限大的。"他追问毛泽东："主观能动性是不是无限大？"

毛泽东见他这样"将军"，也就不再绕弯子了，便直截了当地回答："在一定条件下无限大。"争论到后来，在场的梅白说："我们打电话让他们取消这个口号。"

可是，李达仍然说："口号取消，思想不取消还是不能解决问题。现在人们不是胆子太小，而是太大了，头脑发烧。主席脑子发烧一点，下面就会不得了，就会烧到 40 度、41 度、42 度！这样，中国就会遭难，主席信不信？"

此时，毛泽东虽然也很激动，但还是控制住自己了。他缓和语气说："你说我发烧，我说你也有些发烧了，也有华氏百八十度了。还是我在成都会议说过的那句话，头脑要热又要冷。"

在返回珞珈山的汽车上，李达对送他的梅白说："《实践论》《矛盾论》讲得多好呀！客观，主观，实践，理论，讲得多好啊！现在连'一党之主、一国之首'的毛主席也认为人有多大胆、地有多大产是讲发挥人的主观能动性，我们国家要大祸临头了！"

梅白送走李达后回来，毛泽东对他说："小梅，今天我们两个老家伙很不冷静，这在你们青年同志面前示范作用不好，我肝火大，差点与李达干起来，但我还是压制。"毛泽东带着自责的口吻接着说："我现在在认识论上发生了问题，离开客观走向主观唯心主义。我和李达的争论，我是错误的。"

梅白向毛泽东转达了李达在回家路上说的那些话，毛泽东听后说："孔子说过，六十而耳顺。我今年65岁，但还不够耳顺。听了鹤鸣兄的话很逆耳。这是我的错。过去我写文章提倡洗涮唯心精神，可这次我自己就没有洗涮唯心精神。"

毛泽东还叫梅白通知李达再谈，转告李达"我毛泽东六十而耳顺"，并感谢李达的帮助。梅白如实转达了上述意见，李达说："还是润之的气量大。"

　　1958 年的毛泽东已经开始走上神坛，李达还敢与他当面论争"人有多大胆，地有多大产"这个风靡一时的口号，已经是非常不容易了。

# 二十九、重写《唯物辩证法大纲》

　　《唯物辩证法大纲》是李达为我国哲学界留下的最
后一部著作。1961 年夏，李达因病在庐山休养。这时，

李达编写《唯物辩证
法大纲》

毛泽东也到了庐山。8月中旬的一天，李达正准备吃晚饭，招待所的工作人员通知他晚上去山上的人民剧院看文艺节目。当李达夫妇和秘书走进剧场时，看到毛主席、周总理和中央其他一些领导同志也在这里，他们高兴极了。李达一行被带到毛主席和周总理稍后的座位坐下。演出结束后，李达站在自己的座位旁，想让毛主席和周总理先走。

谁知毛主席离开自己的座位刚一转身，就看到了坐在他后面不远的李达，立即从容地走过来和他热情握手，用他那浓重的湖南口音说："你也在这咯里啊！好吗？"接着，在毛主席后面走过来的周总理也过来握住李达的手，关切地问他有没有动脉硬化的情况？李达连连道谢，同时问候主席和总理。

就在这次见面一个多星期之后，8月25日下午，毛泽东派车接李达去住所谈话。毛泽东和他促膝长谈了近两个小时，对他的研究工作和身体非常关心。李达向毛泽东请教了有关理论问题，如形式逻辑的推理问题。李达原来主张形式的正确和内容的真实必须完全一致。毛泽东则认为，形式逻辑只管形式，如果从错误的前提，推出错误的结论，在形式上也可以是正确的。李达当即接受了毛泽东的意见，改变了自己的观点。

接着，毛泽东再次肯定和称赞他的《社会学大纲》是中国人自己写的第一本马克思主义哲学教科书，在当时起了很大作用。李达受到毛泽东的如此嘉许，心情无比激动。他激动地说："那是在国统区用奴隶的语言写出来的，哪有您的《实践论》《矛盾论》那样鲜明集中、通俗易懂啊！"

毛泽东说："我是到延安才研究哲学的，哪有你系统呀！我把大纲读了十遍，还做了好多眉批，可惜后来行军中被周小舟丢失了。"（"文革"后，在陈伯达的藏书中找到了毛泽东眉批的这本《社会学大纲》，现存中央文献研究室）还说："《社会学大纲》现在还有意义，应当修改再版。"

李达尽管心情激动，但是他却仍然如实地说："我的精力已经不济，写字手颤得很，怕不行了。"

毛泽东说："你们武大不是有哲学系吗？可以找几个得力的助手帮你搞，你指导嘛。"听毛泽东这样说，李达欣然表示照办，从而引出了他晚年的编书活动。

在接受这个任务后的第二天，李达就拍电报要助手陶德麟赶到庐山商量修改《社会学大纲》的工作。8月28日，他又给哲学系副主任余志宏写信说：

我真是一个体弱多病的人了，旧病未去，新病续增。今年增加了两种病症。其一是4月间新添的浮肿病，今尚未愈，据说这与一般的浮肿病不同，而是一种与年老有关的病；其二是心脏病，据武汉医学院来信报告心电图的结果说，"冠状动脉硬化，供血不足，宜小心在意"。后一种病可能是送终病，这不能不做思想上的准备。

日前见到毛主席，在谈话中，主席嘱咐我把《社会

学大纲》修改出版。我说，现在精力不济，他说可找几个得力的助手帮忙。我表示照做。因此，我想回校后即开始这一工作。至于助手呢，德麟、玄武是合适的，但他们有教学任务，至多只能拿出一部分时间来相助，我还希望你在所有毕业生中选派两位能想能写的人跟着我干。这样做，对于他们提高教学质量是有益的。请你替我考虑一下，并大力予以支持。

假我数年，拟首先完成下面几项工作：

一、《唯物辩证法》——即社会学大纲上半部的改写。至于下半部不拟改写了。

二、《中国革命的唯物史观》——已有一些轮廓。

三、修改《〈实践论〉解说》。

四、修改《〈矛盾论〉解说》。

五、《关于正确处理人民内部矛盾的问题》读后记。

六、《毛泽东的思想方法和工作方法》。

上面6项工作如能在3年之内完成，并且那时我还能活着，就再进一步搞别的东西。


在庐山期间，毛泽东、李达的旧友周世钊、乐天宇也正在庐山。乐天宇的友人从湖南宁远给他捎来九嶷山的斑竹。传说，尧帝两女同嫁舜帝；舜帝南游死于苍梧（九嶷山），即葬其地；二妃寻舜至湘江，悼念不已，泪滴竹上而成斑点，有湘妃竹之称。李达、周世钊、乐天宇商定，送一支斑竹给毛泽东。另外，李达送一根斑竹毛笔，写了一首咏九嶷山的诗词；周世钊送一幅内有

东汉文学家蔡邕文章的墨刻；乐天宇送一条幅，上有蔡
伯喈《九嶷山铭》的复制品，还有乐天宇写的一首《七
律·九嶷山颂》。毛泽东收到这些礼物和诗作后，异常
高兴，顿生诗情，挥笔写下了《七律·答友人》一诗，
以丰富的想象，轻松浪漫的笔调，寄托了对友人及故乡
的怀念与祝愿：

> 九嶷山上白云飞，帝子乘风下翠微。斑竹一支千滴
泪，红霞万朵百重衣。洞庭波涌连天雪，长岛人歌动地
诗。我欲因之梦寥廓，芙蓉国里尽朝晖。

这年秋天开学后，李达辞去哲学系主任职务，领导

毛泽东《七律·答友
人》一诗石刻（永州市宁
远县九嶷山）

成立了毛泽东思想研究室。这个国内最早的毛泽东思想研究机构的主要任务就是研究毛泽东哲学思想，修订《社会学大纲》，也就是由他组织编写的《马克思主义哲学大纲》。他赋诗明志："此生莫向沟中殒，犹上文坛做老军。"

毛泽东思想研究室成员除陶德麟、王玄武两位助手外，还有哲学系1961届毕业留校的段启咸、司马志纯、李少白和1962届毕业生陈祖华、黄德华、尹良荣。但坚持到1965年完成《马克思主义哲学大纲》稿本的却只有陶、段、李三位助手。王玄武因为身体有病，在研究室工作一年多时间后即回系教学，其他成员因其他原因而离开。在所有助手中，陶德麟起了主要作用。

《社会学大纲》的修订工作开始不久，李达和他的助手就发现困难很大。尽管毛泽东对《社会学大纲》

李达与夫人石曼华在武汉大学

李达与夫人石曼华、侄孙女李冰梅在一起

李达在武汉大学居所教孙女李典识字

李达与夫人石曼华、女儿李媛媛在武汉居所留影

1958年夏，李达和陶德麟、王玄武在青岛写作时住在青岛之泉路8号海军疗养院。图为他在青岛鲁迅公园留影

作了很高的评价，但毕竟已是 20 多年前的旧著。它不仅在思想资料上带上了历史的陈迹，而且没有概括中国革命的新经验和科学发展的新成果，没有反映毛泽东哲学思想及其对于马克思主义哲学的新贡献。这就远不是修订补充就能圆满完成毛泽东所交托的任务的。于是，李达决定动大手术，在《社会学大纲》的基础上，编写《马克思主义哲学大纲》。

李达决定编写《马克思主义哲学大纲》也是为了适应哲学教材建设的需要。其时，除了刚刚出版的艾思奇主编的全国高等院校通用哲学教材《辩证唯物主义与历

1961 年冬，李达在广东从化温泉与学术助手陶德麟、王玄武等讨论编写《马克思主义哲学大纲》

史唯物主义》一书，马克思主义哲学专业教材还停留在创编阶段。1959年，人民出版社出版了苏联康斯坦丁诺夫1953年主编的《马克思主义哲学原理》一书中译本，成为包括武大哲学系在内的各大学哲学系的参考教材。

从1961年秋天起，李达尽管身患胃溃疡、冠心病、糖尿病和下肢浮肿等多种疾病，每天都要服药、打针；尽管他还要执掌校政要务和参加必要的社会活动；但是，在4年多时间里，他始终为编写《马克思主义哲学大纲》而呕心沥血。每写一章，他都要事先查阅资料，写出提纲，反复与助手们讨论；他审阅初稿，仔细修改，或者提出修改意见；遇到难以论述的问题，他往往一琢磨就是好几天。半夜了，他的书房仍有灯光，不时还听到他咳嗽。有时他有一个新想法，还会半夜里到研究室同助手们讨论。

他写字手颤得厉害，简直是一笔一笔

李达漫步在武汉大学樱花大道上

李达在武汉大学书房
（1965 年）

地刻字。副校长何定华看到这种情景便心疼地劝他说：
"李老，你这么重的病，总还要休息一下吧，何必自苦
如此呢？"但是，他却若有所思地说："我已是风烛残
年，来日不多了。我还能为党做什么工作呢？就靠这支
笔了。我这支笔不能停。哪一天我不行了，我就掷笔
而去。"

1963 年冬天，他患脑溢血和心力衰竭，经抢救才
脱离危险。医生命令他停止工作，去外地静养。但是，
他不顾医生的劝告，给陶德麟写了 20 多封信，仍然在
病榻上指导编书。

1962 年秋，《马克思主义哲学大纲》上册《唯物辩
证法大纲》完成初稿。随后又几易其稿，终于在 1965

年成书。它是在《社会学大纲》基础上成书的，研究室助手也都是协助李达修订《社会学大纲》即编写《马克思主义哲学大纲》的；但是，李达考虑《唯物辩证法大纲》已不全是他个人的工作，其内容也不全是他个人的意见，所以1965年印刷稿本时，他在封面上署名"李达主编"。他考虑到毛泽东等领导人年老眼花，便用4号字印了100本，呈送毛泽东、刘少奇、周恩来、朱德等中央领导人征求意见。

书中《马克思主义哲学前史》一篇，李达原以为是得意之作，但当他知道毛泽东认为这一篇"古人讲得太多"时，立即毫不犹豫地把这一篇作了删节。李达在写完唯物辩证法部分后，紧接着继续与助手们拟订提纲，转入《马克思主义哲学大纲》下册《历史唯物论大纲》的写作。

没想到，一场浩劫不仅使李达完成全书的心愿无法实现，而且使脱稿的《唯物辩证法大纲》也未来得及看到出版，就赍志以殁了。

1965年1月，李达当选为第三届全国人大常委会委员。中央组织部已通知他在京专任全国人大常委会委员，不再担任武汉大学校长，还给他在京找了房子。他本人也于10月14日给武大党委写信说明原委，并要其家属将书籍、衣物搬去北京。

但到12月中旬，中组部又派员向他传达：原决定系个别部长意见，现予作废。李达仍旧担任武大校长兼全国人大常委会委员，既可驻京，亦可回汉。他因急于向其助手交代《马克思主义哲学大纲》下卷《历史唯物论大纲》的编撰工作，便于 1966 年 1 月 22 日回武大暂住。

李达在北京期间，姚文元的《评新编历史剧〈海瑞罢官〉》就已发表，山雨欲来风满楼，十年浩劫已拉开序幕。但李达"不识庐山真面目"，仍在集中注意力考虑他的《马克思主义哲学大纲》，要在他的有生之年完成毛泽东嘱托的编书任务。

李达回到武大，恳切地要求助手们加快进度。他说："我身体愈来愈不行了，看来恐怕只能活二三年了。人生七十古来稀，我已经快 80 岁了，要赶快做。他希望在一年之内完成编出《历史唯物论大纲》和修订《唯

1965 年 10 月，李达在主编《唯物辩证法大纲》期间给陶德麟的信

物辩证法大纲》的任务。"

1966年8月13日，李达胃出血倒床后，心力衰竭，自知不久于人世。17日，他嘱咐妻子："我如死去，请转告陶德麟同志，我唯一的恳求，就是希望他们一定要把《马克思主义哲学大纲》下卷编出来，上卷改好，帮我完成毛主席交给我的任务。"

党的十一届三中全会以后，陶德麟根据李达生前的意见，对《马克思主义哲学大纲》的上册唯物辩证法部分做了必要的修改，以《唯物辩证法大纲》的名义于1978年6月由人民出版社正式出版。至于下册唯物史观部分，由于原稿在"文革"中被没收失踪，则再无法修订出版了。

《唯物辩证法大纲》概述了马克思主义哲学产生、

1978年人民出版社出版的《唯物辩证法大纲》

1985年武汉大学出版社出版的《唯物辩证法大纲》

发展的历史，系统地阐明了辩证唯物主义的基本原理和毛泽东的光辉哲学思想，结合我国社会主义革命与建设的实际，从方法论上论述了学习和运用唯物辩证法原理的重要意义。这部著作，概括了大量哲学史材料和自然科学成就，较好地体现了马克思主义哲学的理论与实践的统一、党性与科学性的统一、世界观与方法论的统一，受到了学术界的高度评价，获国家教委首批优秀教材一等奖。

# 三十、批驳"顶峰论"遭批斗致死

20 世纪 60 年代中期开始，林彪提出了"顶峰论"，毛泽东思想被认为是马克思主义发展的顶峰、毛主席的话是最高指示。"顶峰论"把中国对马克思列宁主义、毛泽东思想的学习引入歧途。

作为一个坚定的马克思主义者，李达对这个问题的认识极为清醒。当时，湖北省委一位领导写了一篇题为《毛泽东思想把马克思主义发展到顶峰》的文章，请李达提意见。李达看了一下题目，就把文章丢在桌子上，对助手们说："这个题目本身就不科学，谁也不能把马克思主义发展到顶峰，因为事物总是不断发展的，不可能一次就完成。马克思主义的发展也是根据形势的发展变化而发展变化。我不看了，你们以后在写文章时，特别在编写我们这本书时，绝不能出现这类字眼。"

1966 年 1 月，大小报刊上已经是连篇累牍地发表关于"顶峰论"的文章，中南局的一份重要报纸《羊城晚报》也以《马克思主义发展的顶峰》为通栏大字标题，发表了"一论""二论""三论"。

看到这种论调在社会上成为舆论主流，李达的一个助手也提出在写作《马克思主义哲学大纲》时，是不是把这句话也写上去。李达严厉批评道："不能写上去，马列主义、毛泽东思想本身也有一个不断发展的过程，需要在实践中不断汲取新的养料，不断丰富发展自己，决不会停滞不前，因而也绝不会有什么'顶峰'。'顶峰'？难道就不再发展了吗？这种提法太绝对化了！'顶峰'这个提法不科学，不符合辩证法，是形而上学，是吹泡泡，根本违背马克思主义的基本原理。"

"李老，这可是林彪同志说的，中南局的决议也是这样做的。"一个年轻的助手小声地提醒李达。

"我知道是他说的，中南局还专门下了文件。但我不同意！毛泽东同志自己多次说，马列主义是发展的。所以，我认为毛泽东思想也是不断发展的。发展到顶了，这是违反辩证法的。违反辩证法的东西，不管是哪个讲的，都不能同意！"李达根本不听同志们的善意劝阻。

自 1958 年以来，李达一贯坚持实事求是的原则，一直公开抵制"左"的错误，与各种违背客观规律、危害人民利益的荒谬提法、做法进行了坚决的斗争，"文化大革命"尚未开始，校内的"左派"和上面的某些领导就认为李达是"革命"的绊脚石，骂他是"碍手碍脚"的"老不死"了。

1961 年以来，就有人想把他赶出武大，赶出湖北，只是碍于他与毛主席的友谊，怕他"通天"，不便下手。

他们早就在搜集李达的"反对三面红旗""反对拔白旗"的材料，1965年就设法把他调到北京去任全国人大常委会专职委员，不让他管武大的事。可是，因为李达认为毛主席交给他的编写马克思主义哲学教科书的任务还没有完成（上卷完成了初稿，下卷正在编写），在1966年2月又回到了武大指导编写。

1966年，毛泽东点名批评了邓拓、吴晗、廖沫沙，《北京日报》被迫对"三家村"进行批判。"5·16"通知发出后，一场以打倒"党内走资本主义道路的当权派"为目标的"革命"很快遍及全国城乡。各省市立即效法，揪出了大大小小的"三家村"数十个之多。

"文革"时期宣传画 |

"文革"中批判李达
的大字报专栏之一

　　6月3日，当时的湖北省委宣布：在武汉大学揪出了一个以李达为首、武大党委书记朱劭天和副校长何定华组成的武汉大学"三家村"，受株连的"三家村黑帮"武大干部教师达300多人，这是全国高校的第一个"三家村黑帮"。

　　为了把李达"批倒批臭"，他们把李达完全与外界隔离起来，李达先被"勒令"停止写书，交代"罪行"。他的助手们也被集中在一起，强迫写揭发检举材料。他家的保姆被不明不白地弄走了，电话线被剪断了，北京的来信也被劫走了。

　　后来，他们又在武汉大学召开了10多万人参加的批斗大会，还在批斗李达、何定华等人的会场上架起了

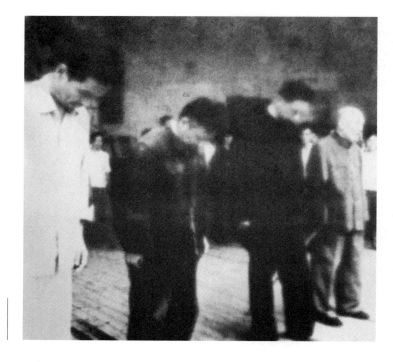

李达因反对"顶峰论"被错误批判。图为批斗李达、何定华等人时的情景

高音喇叭，并在电台和报纸发消息，把李达的"问题"捅到了社会上。

在半个多月时间里，接二连三地召开李达的批斗会，组织武汉市群众每天十几万人到武汉大学来游行，到李达家里批斗他。一个风烛残年、一身重病的老人，在短短的时间里，遭受了数次无情的批斗、声讨、示众、审讯、辱骂、殴打等种种迫害。然而，倔强的性格，使李达从不低头，于是他遭到了更为严重的迫害，后来连起码的医疗也停止了。

尽管遭受种种非人的磨难，直到生命的最后一刻，李达还念念不忘 5 年前毛泽东交给他写作《马克思主义哲学大纲》的嘱托。在资料被抢走、助手被赶跑的情况下，他愤慨地说："你们把我的资料都抢走了，把我的助手赶跑了，我怎样完成毛主席交给我写书的任务呢？我自己一天写五百字，也要完成毛主席交给我的任务！"

在极端困难的情况下，他还乐观地对妻子石曼华说："黑暗总会过去，等运动结束了，我一定到北京去，向党中央、向毛主席告状。"

1966年7月16日，毛泽东又一次到了武汉，并在长江里畅游了两个多小时。消息很快传遍武汉三镇。当时李达正被软禁在武汉大学的家中。两天后，看守李达的一个学生悄悄告诉了他毛主席到武汉的消息。

听到这个消息，李达很高兴，他认为可以解脱了，润之一定会出来为他说话的。第二天，他用材料纸给毛泽东写了一封简短的求救信："主席：请救我一命！我写有坦白书，请向武大教育革命工作队取阅为感。此致最高的敬礼！李达 7月19日。"

他要夫人石曼华把信送到毛泽东住处东湖客舍。但石曼华也没有行动自由，怎么可能送信？他只好求助于他的生活秘书，但是这封信最后落到了工作组手里。

工作组负责人拆看了这封信，居然扣押达10天之久，直到7月29日才以机要档寄"中共中央毛主席收"。其实，毛泽东已于7月18日晨离汉回京。

就在头天晚上，湖北省委在东湖召开常委会，通过了《关于开除混入党内的地主分子李达党籍的决定》。而李达本人还蒙在鼓里，毫无所知。

毛泽东并未看到李达求救信的原件，他在8月10日看到的只是一张毛笔写的纸条，全文是："李达（武汉大学）要求主席救他一命。"毛泽东当即用粗铅笔作了批示："陶铸阅后，转任重同志酌处。毛泽东　八月十日"。同日，陶铸也在这张条子上作批："即送任重同志。"

但是，这些批示并没有挽救李达的生命。本来就多病的李达，这时病情更加重了：胃病多次发作，并伴有大量出血；糖尿病进一步加重，骨瘦如柴，面如土色。他的家人要求自费去看病，也被拒绝。李达在醒来后，非常痛苦地对看守他的人说："我们共产党人和解放军就是对待俘虏，也是有病治病，也要给治病呀！"

李达坚持真理，反对林彪的"顶峰论"，受到了残酷的迫害，不得不向毛泽东发出求救信。图为毛泽东接到李达的求救信后给陶铸、王任重的批复

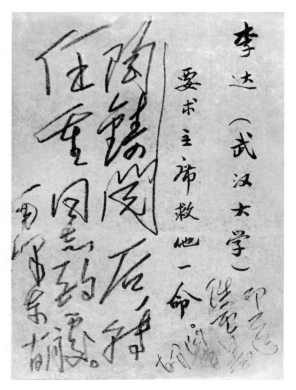

一直拖到8月22日，李达奄奄一息了，他们才把他押送去医院。在他的病床头挂了一张卡片，用的是一个侮辱性的名字："李三"（"李达'三家村'"之意）。没有医护人员敢为他看病。他已经完全不能进食。8月24日，这位中国共产党创始人之一、毕生研究和传播马克思主义并作出了卓越贡献的理论家、哲学家、经济学家和教育家，终于走完了

1967 年 8 月 24 日，为李达"三家村"翻案的 2000 多名师生员工在学校小操场隆重举行"李达同志遇害逝世一周年追悼大会"

76 年坎坷而艰难的人生路程，含冤离开了人世。

　　武汉大学广大师生员工对李达被迫害致死愤愤不平。1967 年 8 月 24 日，李达逝世一周年忌日，武汉大学两千余名师生员工冒着极大风险，在小操场举行了"李达同志遇害逝世一周年追悼大会"。大会由"李达试验班"学生王炯华（东辉）主持，余松樵致悼词，湖北省副省长孟大唐、"李达三家村""大老板"朱劭天、何定华以及"总管"牛永年、哲学系主任余志宏、副主任李其驹、李达夫人石曼华等出席大会，这个活动在当时是"非法"的、危险的，但真实地表达了武大广大师生员工对老校长李达的爱戴和对这次冤案的强烈不满。

　　对于李达的去世，毛泽东后来表示了难过。1969 年 4 月 28 日，毛泽东在党的九届一中全会上讲述党的历史时，特别回忆起李达，说他是党的创始人、著名哲学家、武汉大学校长。

　　后来他与湖南同志的谈话中谈道："现在看来还是李达同志的马列主义水平高，他是反对'顶峰论'的。哪有什么顶峰啊?"

　　党的九大闭幕后，毛泽东来到武汉，他和湖北省委第一书记、武汉军区司令员曾思玉等在东湖边漫步时指着说："你们看，对岸是老虎尾，远处是中山亭，那边是珞珈山，茂密的树林里是武汉大学校址。"说到这里，毛泽东突然神色黯然，"鹤鸣兄不应该被人整死，可惜呀!"他深深叹了口气。

# 三十一、哲学泰斗懿范永存

在毛泽东和周恩来的干预下，李达冤案在 1973 年 11 月得到初步平反。1974 年 1 月 23 日，在武汉大学九峰山公墓举行了李达同志追悼大会。当时还在"文革"时期，平反并不彻底，还保留了"李达同志执行了修正主义教育路线"等不实之词。

"文革"结束后，在党中央关怀下，李达的沉冤于 1980 年 10 月 26 日彻底平反昭雪，恢复党籍、恢复名誉，推倒强加在李达头上的一切诬蔑不实之词。

中共中央书记处批准了中共湖北省委关于给李达同志平反的决定。湖北省委的决定指出："文化大革命"中强加给李达同志的一切诬蔑不实之词，应予推倒，为李达同志彻底平反，恢复党籍，恢复名誉。经中共中央批准，李达的骨灰已于 1996 年 9 月 12 日由武汉移送北京八宝山革命公墓一室安放。

马克思主义哲学家、原中央高级党校校长杨献珍和李达是新中国成立后结识的。他们来往不多，但却建立了真挚的友谊，彼此都很敬重。由于极左路线的迫害，

1974 年，武汉大学在九峰山公墓举行"李达同志追悼大会"

杨献珍从 1959 年到 1979 年蒙冤 20 年，饱受沧桑和磨难。但是，只要谈起李达，他都怀着激情；只要是有关李达的事，他都有求必应。

1984 年 7 月，杨献珍为宋镜明《李达传记》一书写了《李达同志是我国真正的马克思主义哲学家》纪念文章。他开宗明义地指出："李达同志是中国共产党创始人之一，是最早把真正的马克思主义哲学理论准确地、坚定地传播给中国革命人民的马克思主义哲学家。"他提出，李达"是我国哲学界的泰山北斗"。他认为，那些带头迫害李达的恶人，已被钉在历史的耻辱柱上永不消失。

3 年后的 1987 年,91 岁高龄的杨献珍为王炯华《李达与马克思主义哲学在中国》作序。他花了 7 个月时间审阅书稿，阅读李达原著，连书稿的错字也不放过；又花了两个月时间亲笔撰序："在中国党内，关于李达对

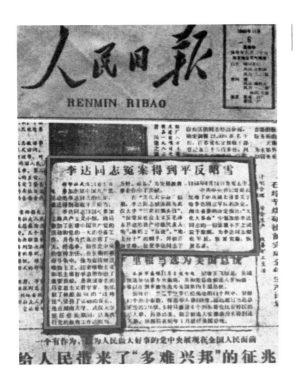

《人民日报》刊发的
李达同志平反昭雪的文章

1996 年，中共中央决
定李达的骨灰由武昌九峰
山移至北京八宝山革命公
墓一室安放

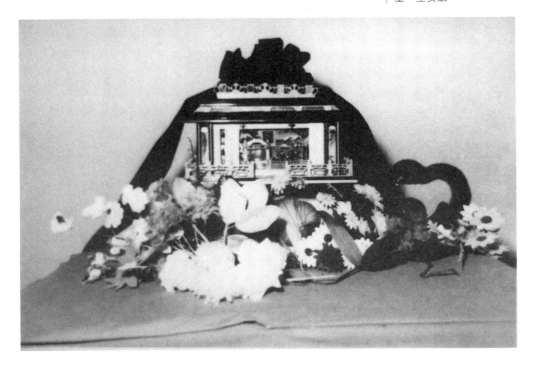

马克思主义理论的造诣如何，知之最深的，我认为还是毛泽东同志。"

他引述梅白的回忆和艾克恩的文章，认为李达完全具备了"鲁迅精神"，是中国早期宣传和传播马克思主义的理论界的"总司令"。他深情地回忆李达在关于"思维与存在的同一性"论争中的态度。那一年，他们同在全国人大湖北组参加会议。中间休息时，李达对他说："怎么搞的，思维与存在的同一性是唯心论，怎么现在人们都说是唯物论？"杨献珍会心地笑了。他后来说："老实说，当时坚持思维与存在的同一性是唯心论的只有我们少数几个人，颇感有点孤立。听了李达的话如闻空谷足音，我精神为之一振。同时，我也感到，在当时情况下，李达这位马克思主义哲学家，真是卓卓如野鹤之立鸡群，可钦可佩。"

1990 年 10 月 27 日，在纪念李达 100 周年诞辰会上，中央顾问委员会常委、党史工作领导小组副组长胡乔木同志作了题为《深切地悼念伟大的马克思主义理论家李达同志》的讲话。他说："李达同志是我们党杰出的马克思主义宣传家、教育家、理论家、著作家，他是多方面的学者。李达同志是中国共产党的发起人之一，也是我们党早期的领导人之一。李达同志从他接受马克思主义的思想开始，为宣传马克思主义的真理奋斗到最后一息。我想，在我们党的历史

杨献珍（1896—1992），男，汉族，湖北省郧县人，著名哲学家、理论家、教育家，原中共中央高级党校党委书记兼校长

1986 武汉大学举行纪念李达诞辰 95 周年大会并举办纪念李达的展览和学术讨论会

时任国家教委副主任的彭珮云出席学术讨论会并观看了纪念李达展览

陆定一题词 |

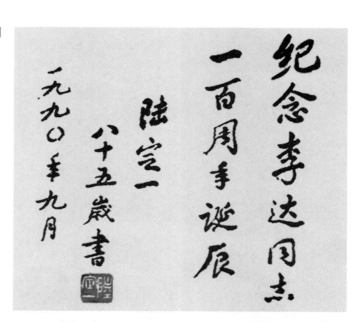

纪念李达同志
一百周年诞辰

陆定一 八十五岁书

一九九〇年九月

王首道于北京题词 |

240

上，还很少有像李达同志这样勤奋，这样有丰富的卓越的成就，这样在任何困难危险的环境下生命不息、战斗不止的马克思主义宣传家、教育家，这样坚定勇敢而不断追求进步，力求达到当代的最高水平的马克思主义理论战士。我国马克思主义理论界完全有理由以有李达同志这样一位在十月革命和五四运动以来，就以全部身心投入为坚持和发展马克思主义而奋斗，数十年如一日的先驱和榜样而自豪。"

胡乔木说："我们今天纪念李达同志，首先就是要学习他满腔热忱、毫不动摇、毫不懈怠地用毕生的精力以坚持和宣传马克思主义基本理论的精神。我们希望全党的老中青理论界的同志都能以李达同志为榜样，勤奋地学习，勤奋地研究，勤奋地写作，勇敢地挑起宣传马克思主义的重担来。其次，我们要学习李达同志坚持真理、言行一致的精神。毛泽东同志说过，真正的唯物主义者是无所畏惧的。同时他也曾经讲过：'李达同志是一个真正的人。'李达同志在多年的白色恐怖的统治下从不畏惧。只要他能工作，他都时时刻刻把宣传马克思主义当作唯一的使命。在新中国成立后，他对党的正确领导坚决拥护，但是对于党在工作

宣扬马列主义真理
开辟一代学术新风

李达同志诞生一百周年纪念

张岱年

一九〇年九月

| 张岱年题词

里面所犯的错误也从不随声附和。"

　　胡乔木说："李达同志说过：'一个理论工作者，如果动动摇摇，今天这样说，明天那么讲，墙上一蔸草，风吹两边倒，那是假马克思主义者，不是真马克思主义者。'他因为坚持真理，在1966年5月被勒令停止编书（他本来是按照毛主席的指示在写《唯物辩证法大纲》），要他交代所谓'罪行'，但是他从不屈服于任何批斗、辱骂、折磨，直至被开除党籍，停止医药供应，终于在8月24日以76岁的高龄被迫害致死。我们应该永远记住这段史实，这段在我们党的历史上，在马克思主义运动历史上的沉痛史实。这是永远不能忘怀的一天。一方面是林彪、'四人帮'、康生一伙对于真理、正义，对

胡乔木在纪念李达百年诞辰座谈会上讲话。右为时任中共中央宣传部部长王忍之

胡绳在纪念李达百年诞辰座谈会上讲话。右为胡乔木

石曼华（左一）在李达百年诞辰座谈会上

怀念与研究李达的部
分书籍

王会悟与儿女居住在
北京和平里一栋普通的居
民楼里度过了幸福的晚年。
图为王会悟与儿子心天、
女儿心怡在一起（1989 年）

于党，对于马克思主义所犯的滔天罪行、穷凶极恶的蹂躏；同时在另外一个方面，表现了李达同志百折不挠、临危不惧、捍卫真理、视死如归这样一种英勇牺牲的伟大气概。这样的悲剧是不应该发生的，我们相信今后在我们党内这样的悲剧不会再发生。但是，当成历史我们永远要记住。我们永远要纪念，要学习李达同志为真理而战斗，为真理而牺牲的精神。"

# 结　语

　　作为中国共产党的创始人和早期领导人之一，李达在五四运动后，致力于研究、宣传马克思主义，同各种非马克思主义思潮作斗争，为中国共产党的创建打下了思想基础。他与陈独秀等人发起成立上海的中国共产党早期组织，并主编《共产党》月刊，后任上海中国共产党早期组织代书记，为组织、筹办中国共产党第一次全国代表大会做了大量工作，并在一大当选为党的中央局成员，负责中共中央宣传工作。

　　大革命失败后，因多种原因，李达脱党。但在国民党反动统治的险恶环境中，他坚守马克思列宁主义的理论阵地，成为卓有建树的马克思主义理论家。1937 年 5 月出版的《社会学大纲》，被毛泽东誉为"中国人自己写的第一本马克思主义哲学教科书"，号召党的高级干部学习此书。他的著作和译作，为毛泽东哲学思想的形成作出了重要贡献。

　　新中国成立后，李达长期担任武汉大学校长和中国哲学学会会长，为马克思主义在中国的传播、应用和发展作出了多方面的贡献，毛泽东曾当面称赞他是"理论界的鲁迅"。他一直坚持实事求是，反对"左"倾思想，反对"顶峰论"，"文革"期间惨遭批斗，1966 年 8 月在武汉不幸逝世，"文革"后恢复名誉。

# 李达大事年表

**1890 年**  10 月 2 日，诞生于湖南省零陵县(今永州市冷水滩区)佃农家庭。

**1905—1909 年春**  在永州中学读书。

**1909 年秋—1911 年秋**  考入北京京师优级师范（北京师范大学前身），在读两年。

**1913 年—1917 年**  先后两次考取留日官费生和第一高等学校（即帝国大学预科，毕业后入帝大）理科。

**1918 年**  5 月率留日学生救国团回国，发起并参与示威请愿运动。

**1920 年**  同陈独秀等人发起组织中国共产党，建立党的上海发起组。任《新青年》编辑、《共产党》月刊主编。

**1921 年**  2 月，代理党的发起组书记并主持工作。4 月，出席中国共产党第一次全国代表大会，当选为中央局成员，负责中共中央宣传工作。9 月，创办人民出版社。

**1922 年**  5 月，应毛泽东邀请到湖南自修大学讲授马列主义。16—23 日，出席中国共产党第二次全国代表大会，会上辞去中央宣传工作。11 月，应毛泽东函邀，再次到长沙担任湖南自修大学学长。

**1923 年**  和毛泽东一起创办《新时代》，兼任主编。秋，与陈独秀产生纠纷，愤而中断联系，随后脱党。

**1927 年**  3 月，被聘为中央农民运动讲习所教员。

**1932 年**  5 月，受党组织之托，到泰山给冯玉祥讲授两个月列宁主义和唯物辩证法。

**1933 年**  5 月，再次受党组织之托去张家口为冯玉祥及其研究室讲学。

**1935 年**  《经济学大纲》和《货币学概论》作为讲义刊印。同年，毛泽东两次致信问候。

**1937 年**  5 月，专著《社会学大纲》出版。

**1948 年**  初春，收到毛泽东邀约去解放区的密信，因重病缠身未能成行。

**1949 年**　1 月，为湖南和平解放沟通联系。先后任中国新法学研究会副会长、主席，第一届全国政协委员，政务院文化教育委员会委员、法制委员会委员兼副主任。12 月，毛泽东等做证明人，党中央批准重新入党。后任中南军政委员会委员、文教委员会副主任。

**1950 年**　2 月，任湖南大学校长。当选为湖南省政协常委、兼省文教委员会主任。

**1951 年**　先后发表《〈实践论〉——毛泽东思想的哲学基础》《〈实践论〉解说》（一）（二）（三）（四）。

**1952 年**　先后发表《〈矛盾论〉解说》（一）至（六）。11 月，任武汉大学校长。

**1954 年**　先后当选为第二届全国政协委员、中国科学院学部委员（院士）、哲学社会科学部常委。

**1956 年**　7 月，当选为党的八大代表、湖北省委委员。

**1958 年**　任中国科学院武汉分院筹委会主任委员、分院院长，兼湖北省社会科学联合会主席。

**1959 年**　当选为第二届全国人大代表。

**1964 年**　当选为第三届全国人大代表。

**1965 年**　1 月，当选为第三届全国人大常委会委员。10 月，专任全国人大常委会委员。

**1966 年**　6 月，被诬陷为武汉大学"三家村黑帮头目""反党反社会主义反毛泽东思想的资产阶级代表人物"。8 月 1 日，被开除党籍。8 月 24 日，被迫害致死。

**1973 年**　11 月，在毛主席、周总理的干预下，李达冤案得以平反。

**1974 年**　1 月，在武汉九峰山举行了追悼会。结论中仍留有"执行了修正主义教育路线"等词句。

**1978 年**　11 月 12 日，党中央批准公开发表毛泽东给李达三封信的手迹。

**1980 年**　10 月 26 日，经中共为李达彻底平反，恢复党籍，恢复名誉。

**1990 年**　10 月 27 日，中央举行纪念李达同志诞辰 100 周年座谈会。

（宋镜明、刘捷）